RECONFIGURAR A
ESCOLA
TRANSFORMAR A
EDUCAÇÃO

Dados Internacionais de Catalogação na Publicação (CIP)
(Câmara Brasileira do Livro, SP, Brasil)

Pacheco, José
  Reconfigurar a escola : transformar a educação / José Pacheco. — São Paulo : Cortez, 2018.

  Bibliografia.
  ISBN 978-85-249-2667-9

  1. Educação 2. Currículos 3. Currículos - Aspectos sociais 4. Currículos - Avaliação I. Título.

18-16515   CDD-375.001

Índices para catálogo sistemático:
1. Currículos : Educação   375.001

Cibele Maria Dias - Bibliotecária - CRB-8/9427

José Pacheco

RECONFIGURAR A ESCOLA
TRANSFORMAR A EDUCAÇÃO

1ª edição
2ª reimpressão

RECONFIGURAR A ESCOLA: TRANSFORMAR A EDUCAÇÃO
José Pacheco

Capa: de Sign Arte Visual
Preparação de originais: Ana Paula Luccisano
Revisão: Maria de Lourdes de Almeida
Projeto gráfico e diagramação: Linea Editora
Coordenação editorial: Danilo A. Q. Morales

Nenhuma parte desta obra pode ser reproduzida ou duplicada sem autorização expressa do autor e do editor.

© 2018 by Autor

Direitos para esta edição
CORTEZ EDITORA
Rua Monte Alegre, 1074 — Perdizes
05014-001 — São Paulo-SP
Tel.: +55 11 3864 0111 / 3803 4800
e-mail: cortez@cortezeditora.com.br
www.cortezeditora.com.br

Impresso no Brasil — dezembro de 2021

Não é possível refazer este país, democratizá-lo, humanizá-lo, torná-lo sério, com adolescentes brincando de matar gente, ofendendo a vida, destruindo o sonho, inviabilizando o amor.

Se a educação sozinha não transformar a sociedade, sem ela tampouco a sociedade muda.

Paulo Freire

Dedicatória

Em 2013, discretamente, centenas de educadores se encontraram em Brasília. Freirianamente, a Conferência Nacional de Alternativas para uma nova Educação (CONANE) denunciou, mas também anunciou novos rumos para os descaminhos da educação, através do lançamento do III Manifesto da Educação Brasileira. Em 2015, novo encontro, dessa vez, em São Paulo. Entretanto e por todo Brasil, muitos debates afirmaram a possibilidade de uma nova educação.

Nesse mesmo ano, o MEC lançou uma chamada pública, para identificar projetos com potencial inovador e criativo. Foram identificados 178, mas poderiam ser identificados muitos mais, se dessa iniciativa todas as secretarias tivessem dado conhecimento às escolas... O ministério enviou certificações às escolas consideradas inovadoras, comprometendo-se a acompanhar os seus projetos. Mudam-se os tempos, mudam-se as vontades e o novo elenco político do MEC não cumpriu o compromisso antes assumido. Entretanto, alguns dos projetos considerados de boa qualidade foram extintos por ação de burocratas enquistados nas secretarias de educação. Cabe perguntar: Se o modo irresponsável como um ministério age não logra garantir o direito à educação, consagrado na Lei, terá o direito de continuar a agir desse modo? Não será tempo de pôr cobro ao desperdício e à impunidade?

Muitos dos projetos reconhecidos como inovadores são desenvolvidos por educadores participantes na CONANE. A solidariedade exercida entre os encontros vai conseguindo gerar sustentabilidade em muitos dos projetos ameaçados de extinção, mas urge criar uma Rede de Inovação e Criatividade na Educação. As práticas integradas em tal rede deverão articular-se num movimento social, com o objetivo de ampliar e qualificar a oferta e demanda social por educação inovadora e criativa no Brasil, garantir espaços para trocas de experiências mais sistemáticas, para avançar na construção de indicadores boa qualidade da educação, base de diretrizes de política pública.

Em junho de 2017, a preocupação com a sustentabilidade da inovação foi destaque na agenda de trabalhos da terceira CONANE. Aos participantes da Conferência dedico este livrinho, como preito de reconhecimento e gratidão.

Sumário

Dedicatória 7

Algumas crônicas (mais ou menos) curriculares 11

Outras crônicas 47

O Terceiro Manifesto 107

Anexo (Manifesto pela Educação) 123

Algumas crônicas (mais ou menos) curriculares

> Quando questões fundamentais de currículo
> não são dirigidas por educadores,
> os caprichos econômicos ou políticos formam o caminho
> e as práticas educacionais são governadas à revelia.
>
> *Schubert*

Partilho com os eventuais leitores algumas reflexões sob a forma de crônicas, mais ou menos, curriculares, reflexões sobre a proposta de BNCC. E peço aos educadores que rezem, mas que rezem com convicção, para que o clamor das suas preces possa chegar aos ouvidos dos membros do Conselho Nacional de Educação e os livre de cometer a imprudência de aprovar tão espúrio documento.

Em finais de século XX, fui relator do parecer do Conselho Nacional de Educação sobre uma proposta de reorganização curricular, num processo semelhante aquele por que passaram os autores da proposta de BNCC brasileira. Porque me apercebi de que não se tratava de assunto sério, recorri à ironia, para compensar os efeitos do corporativismo e da baixa política refletidos no documento final.

Perguntava se teria havido um exercício de futurologia por parte de quem acreditava na pertinência dos conteúdos selecionados, quando os alunos de então virassem adultos. Conteúdos como "mesóclises, dígrafos e piroclásticas" deveriam fazer parte da "base" curricular? Por que se remetia para uma aula semanal de educação cívica o domínio sócio moral, emocional, afetivo? Onde estava contemplado tudo o que vai além do cognitivo: a ética, a estética...? Porque razão eram readotados arcaísmos como "anos iniciais", "anos finais", "salas de aula"? Os meus questionamentos foram ostracizados. A lei foi aprovada. Decorridos alguns anos, foi revogada, para dar origem a outra excrescência normativa.

A minha desconfiança relativamente às decisões curriculares é antiga. Há quase sessenta anos, perguntei ao professor Vasconcelos por que razão eu tinha de aprender certos conteúdos, que esforçadamente ele tentava ensinar. Autoritário, como era apanágio de uma época de ditadura, respondeu: *Quando fores grande, irás precisar...*

Sou "grande" e quase nada desse "currículo" me fez falta. Não me fez mais sábio, nem mais feliz. O professor Vasconcelos — que descanse em paz e que Deus lhe perdoe a ingenuidade pedagógica — acreditou ter me ensinado o "sistema galaico-duriense". Mas a minha criança apenas havia feito decoreba sem sentido: *Peneda, Suajo, Gerês, Larouco, Barroso, Falperra, Cabreira, Marão, Padrela, Montezinho, Nogueira, Bornes...* e por aí fora, numa lengalenga sem sentido, como tantas outras associadas a conteúdos da grade curricular da época, decorados e debitados em prova. Depois, esquecidos, porque a memória é esperta e a aprendizagem não foi significativa, integradora, diversificada, ativa, nem socializadora, como recomendariam o Vigotsky e o Bruner que fosse.

Quando, já nos meus cinquenta anos, eu viajava por Trás-os-Montes, avistei uma bela montanha: *Que montanha é aquela?* – perguntei.

Responderam: *É a Serra do Larouco.*

A palavra Larouco ressoou na minha memória de longo prazo. Finalmente! *Peneda, Suajo, Gerês... Larouco!* Mas nada sabia do Larouco, nem do povo que lá morava, nem da sua cultura, nem das suas necessidades sociais, nem nada! Apenas "sabia" uma palavra: *Larouco.*

Refletindo sobre esse incidente crítico, concluí que, na década de 1950, o professor Vasconcelos, como a maioria dos professores de hoje, agia em função de crenças, entre os quais a de que basta definir um conjunto de áreas e conteúdos, objetivos ou expectativas de aprendizagem e torná-los obrigatórios a nível nacional, para que a aprendizagem de tais conteúdos aconteça.

O velho professor não sabia que currículo é muito mais do que impor a abordagem de um determinado repertório de conteúdos. E, por isso, a escola não me ensinou os conteúdos da BNCC de então, só me doutrinou. Aliás, confesso que a única coisa que aprendi nessa escola foi a odiar a escola na pessoa do professor Vasconcelos.

Mais tarde, quando compreendi que, por detrás da BNCC da ditadura de Salazar, havia pressupostos ideológicos e preconceitos pedagógicos, perdoei o professor, que havia sido instruído e profissionalmente socializado numa escola, que, em pleno século XXI continua a fazer estragos, uma escola segmentada, que, por ter herdado princípios da revolução industrial, naturalizou o insucesso.

Qual a matriz axiológica determinante de conteúdos e expectativas de aprendizagem "nacionais"? Qual o significado do adjetivo "nacional"? Não seria preferível que a base curricular fosse elaborada em função de valores universais de que o Brasil carece, que fosse uma base universal? Ou, talvez, federal, para que não se remetesse para a redação de um PP-P (ignorado, ou raramente cumprido) aquilo que é caraterístico de cada estado, de cada quilombo, de modo que as comunidades indígenas pudessem elaborar um currículo de comunidade?

Por quê "comum"? Aquilo que é "comum" às escolas brasileiras é um obsoleto modelo educacional que a nova "base" não questiona. Por quê *utilizar termos anafóricos variados para estabelecer a coesão em textos narrativos*", no "5º ano"? Por quê *reconhecer os principais produtos, utilizados pelos europeus, procedentes da África do Sul, do Golfo da Guiné e de Senegâmbia*, no "8º ano"?

Por quê estudar "*senegâmbias*" na adolescência? Por quê no "8º *ano*"? Por quê "*ano de escolaridade*"? Em que século foi produzida esta BNCC? No século XIX?

Por quê contemplar numa "base", naquilo que é basilar, conteúdos curriculares (ou qualquer que seja a designação que, eufemisticamente, quiserem dar aos conteúdos: "objetivos de aprendizagem", "direitos de aprendizagem"...) como *mesóclises, piroclásticas, efeito de Coriolis, ou eugenol*? Serão pertinentes? Farão sentido nos grupos etários obrigados à sua "decoreba"? Será necessário e indispensável "ensiná--los"? Contribuem para uma vida melhor? Irão fazer com que os alunos sejam mais sábios, mais felizes, *quando forem grandes*?

Na BNCC os objetivos já estão escritos de forma propícia à "catalogaçaõ". Eles serão convertidos em "descritores", para elaboração de itens de prova, que serão pré-testados. Os itens, que "passarem nos testes de campo", irão para um "banco de itens".

Na época de aplicação de provas — não confundir prova com avaliação e muito menos com a prática de uma avaliação efetivamente formativa, contínua e sistemática! — entre os milhares de itens disponíveis, serão escolhidos alguns, segundo (misteriosos) critérios, para "cair na prova". Tal como ainda acontece nos inúteis rituais de "avaliação", alguns itens de provas anteriores serão utilizados nas provas dos anos seguintes, com fins de aferição. Enfim! Mais uma contribuição para a redução do currículo ao "sacros" rituais de sala de aula. Os professores preocupar-se-ão em estudar exames anteriores, tentando adivinhar padrões, limitando os processos de aprendizagem a conteúdos treinados em "simulações".

O Brasil já dispõe de sistemas que ajudam os professores a construir simulados a aplicar nas suas turmas (outro dispositivo sem sentido, desde há mais de um século), a partir de sistemas on-line. Se a proposta de BNCC for aprovada, imagino esses processos a serem assimilados por sistemas auto-instrutivos on-line, usando tecnologia interativa, e o processo de avaliação passa a monitorar o ritmo e desenvolvimento do aluno, indicando materiais instrucionais (videos, filmes, materiais, etc. on-line) que o aluno pode usar para "corrigir" sua "dificuldade de desempenho". Validando a profecia de Orwell, os donos de tais "sistemas" poderão transformar as escolas públicas em "vendas de mercadoria", através de "franquias", como quaisquer McDonalds da instrução, terceirizando a gestão, produzindo escolas charters, considerando a educação, não como direito, mas como mercadoria.

Nesse dantesco cenário (e não me considero profeta de desgraças), os professores farão significativo despêndio de tempo (que deveria ser de aprendizagem) num ridículo treino de alunos para os testes, algo que inúmeros estudos demonstram serem altamente destrutivos e comprometerem a boa qualidade da educação. Acaso os autores da BNCC leram esses estudos?

À partida, a consulta pública sobre a BNCC está viciada. Presumo que os autores da proposta de BNCC também tenham sido vítimas da escola do professor Vasconcelos. Talvez ignorem que, nesse modelo de escola, por maior mérito que tenha a proposta, a maioria dos conteúdos nela considerados não será aprendida. E que o laborioso afã de a conceber terá sido tarefa vã.

Suspeito de que os autores da BNCC desconhecem que há outros modos de conceber e desenvolver currículo em novas construções sociais de aprendizagem, nas quais os conteúdos são efetivamente aprendidos por todos. Um modelo de escola não segmentada, sem reprovação, sem recurso a "classes de apoio", ou necessidade de "recuperação". Desenvolvendo currículo subjetivo a par de um currículo universal (não "nacional") adequado a um currículo glocal e comunitário. Envolvendo os jovens em aprendizagens significativas, como diriam o Bruner e o Vigotsky, que, por razões óbvias, não puderam participar da elaboração da BNCC brasileira.

Em recuados tempos, quando um governante pretendia publicar uma lei, mandava afixá-la escrita em couro, ou papiro. Quando era necessário afixar uma nova lei, cobria-se o texto anterior com uma camada de cal. Porém, a exposição à intempérie provocava a queda da cal e o texto antigo voltava a ser visível. Talvez o mesmo aconteça com medidas de política educativa da atualidade: são palimpsestos.

"Curricular"

A referência mais remota ao termo "currículo" remonta ao século XVII. E são várias as concepções de currículo, associadas a diferentes formas de se conceber a educação. Tradicionalmente, currículo é a seleção cultural de determinados conhecimentos e práticas. Mas não é só isso. É também o conjunto de experiências, vivências, procedimentos, opções metodológicas, modos de avaliação... Currículo é, pois, um conceito de vasto espectro semântico, de difícil unanimidade. Kelly, Goodlad, Gimeno Sacristán e muitos outros autores diferem na sua definição. Deparei com dezenas de definições, que são reflexo da época e do contexto sócio-político em que foram produzidas, ou da corrente pedagógica e teoria da aprendizagem em que estão filiadas. Perante este fato, remeto para a leitura das obras de diferentes teóricos, eximindo-me a reproduzi-las neste despretensioso livrinho de prosa acessível ao comum dos mortais, incluídos os especialistas, mais ou menos, especializados em currículo.

Na Finlândia, o processo de reforma do currículo envolveu todos os educadores do país. Como declarou a ministra da educação finlandesa: "*Para que o novo modelo seja bem-sucedido, os professores nas nossas escolas têm muita liberdade. E uma mudança curricular não poderia ser diferente. Nós vamos continuar com a política de sempre, não dizemos aos professores quais materiais devem usar, como ensinar (...). Eles têm de ter liberdade, porque são eles que sabem o que funciona melhor com cada aluno*". E acrescentou: "*Além de o currículo focar nos projetos interdisciplinares, ele também avança no maior uso de ferramentas digitais em sala de aula. E esse processo de digitalização não significa apenas colocar um computador em sala de aula, mas usar essas ferramentas tecnológicas para aumentar e melhorar o processo de aprendizado*". No Brasil, abriu-se uma consulta pública de um documento previamente elaborado. Milhões de sugestões de alteração, quase todas fundadas no senso comum foram colhidas, além de 27000 pedidos de inclusão de novos objetivos para a educação. E uma base comum curricular cativa do velho modelo escolar será promulgada, em breve. Uma reforma que, em breve, será reformada no chão das escolas. Isso mesmo: os discípulos do velho e esclerosado modelo educacional perdem-se em tentativas de reforma.

Se bem que a obsessão uniformizadora e seletiva da escola venha sendo questionada por muitos "especialistas", pesquisadores instalados em torres de marfim induzem os políticos a acrescentar camadas de tinta nova em velhos palimpsestos. Até mesmo a recente euforia da introdução das novas tecnologias de informação e comunicação nas escolas pode vir a concorrer para a sedimentação de velhas práticas. As escolas poderão continuar a ser palimpsestos nos quais os registos primitivos não se apagaram, indiferentes aos dados fornecidos pela investigação educacional. Talvez seja chegado o tempo de fazer prevalecer critérios de natureza científico-pedagógica nas decisões de política educativa.

Que razões sustentam a reprodução de um modelo obsoleto de Escola, que gera insucesso, exclusão, abandono? A expressão "insucesso escolar" não se constituirá em paradoxo? Quando nos confrontamos com o facto de a maioria dos alunos não completarem com sucesso a sua educação básica, não será preciso ultrapassar a atribuição de culpas ao "sistema"? Como explicar o facto de algumas referências teóricas contarem mais de um século e se manterem dramaticamente atuais, apesar e contra o desenvolvimento das chamadas ciências da educação? Até quando insistiremos teimosamente em equívocos, naturalizações e ideias-feitas?

Sabemos que o caos precede a mudança e que o Brasil passa por um período de caos político, um tempo de crise de valores, uma crise educacional geradora de oportunidades, a exigir um compromisso ético. Façamos a nós mesmos duas perguntas: Para se refundar a educação, não teremos de repensar a escola? Não teremos de repensar o conceito de currículo e de desenvolvimento curricular?

Currículo, ética, cidadania

Brasil, Abril de 2015. Em Goiás, onde governantes desesperados entregam a educação à guarda da Polícia Militar, alunos organizam um "quebra-quebra": destroem mobiliário, depredam o edifício da sua escola; num colégio particular no Rio, um jovem de 12 anos agride com pontapés um colega de 11 anos e é "suspenso por um dia"...

O amigo Severino diz-nos que cidadania é a medida da qualidade de vida humana, que se desdobra apoiada na presença das mediações histórico-sociais.

E o nosso amigo Freire, que alguns energúmenos exigem que saia das escolas (embora, na maioria delas, o seu espírito jamais tenha entrado), considerava a educação uma prática de liberdade. Porque havia lido esses e outros sábios brasileiros, a Cida entrou na sua nova escola disposta a fazer jus à leitura dos mestres. Chegada ao refeitório, deparou com uma longa fila e no último lugar da fila se colocou.

Não tardou que uma criança lhe dissesse: *Tia, por que não vai lá para a frente da fila? Por que não "fura a fila"?*

Meu querido, eu não "furo fila" — contestou a Cida.

A criança insistiu: *Na nossa escola, as educadoras passam à nossa frente. Você é educadora, pode passar.*

Exatamente por ser educadora é que eu não vou para a frente da fila, meu querido — Completou a Cida. E por aí se quedou o breve diálogo, mas não o episódio... Outra professora chegou ao refeitório, ultrapassou todo mundo e se serviu de alimento. A mesma criança, que falara com a Cida, ousou interpelar a tia que "furara a fila". Foi repreendido por essa e outras indignadas educadoras "furonas".

A Cida herdara uma cultura diferente daquela que ali prevalecia. Havia trabalhado numa escola onde palavras como respeito e cidadania não serviam apenas para enfeitar um PP-P escrito, onde as regras eram decididas em coletivo e por todos cumpridas, onde valores escritos não eram negados na prática. Onde se educava no exercício da cidadania. Na escola de "furar fila", a Cida surpreendia-se com o fato de haver banheiro de aluno (coletivo e sem espelho) diferente de banheiro de professor (coletivo e com espelho) e este separado do banheiro do diretor (privativo e com espelho). Surpreendia-se que todo mundo "achasse normal" que até no defecar e urinar houvesse hierarquia. Sabia que não se prepara jovens para a cidadania, mas que se educa na cidadania, em contextos onde haja igualdade na diversidade, onde prevaleça o exemplo. Isso ela aprendera numa escola onde não se "furava fila".

A Cida desta história encontrou quem partilhasse esperançosas práticas. Porém, quando se propôs trabalhar em equipe, reunir em assembleia com os alunos, partilhar projetos com a comunidade, foi-lhe dito que, há alguns anos, outra Cida havia tentado fazê-lo e se arrependeu.

Vícios e tabus se revelam nos mais ínfimos pormenores, representações sedimentadas tendem a esconder a origem de formas sociais de dominação. Não surpreende, por isso, que uma solícita supervisora tenha demovido a Cida dos seus audazes propósitos, ordenando-lhe que desse as suas aulinhas e fizesse o que lhe mandavam fazer. E que uma prudente diretora a aconselhasse: *Cida, tenha paciência. Aqui, manda quem pode, obedece quem tem juízo.*

Qual terá sido o desfecho desta história? A Cida terá conseguido cumprir o PP-P e desenvolver cidadania? Ou terá passado da fila do refeitório para a fila de espera da consulta de psiquiatria?

Esta história admite vários desfechos. Inclusive, aquele que o eventual leitor lhe quiser dar.

Com partido, ou sem partido?

Nos idos de maio de 1931, Cecília Meireles escrevia: *Esperávamos uma reforma de ideologia, de democratização da escola — todas essas coisas que a gente precisa conhecer antes de ser ministro da educação. Depois, veio o decretozinho do ensino religioso. Um decretozinho provinciano, para agradar alguns curas, e atrair algumas ovelhas.* A corajosa Cecília desafiava o Vargas e o Campos, denunciando a doutrinação numa escola supostamente laica. Falava-nos a professora Cecília da democratização ainda hoje ausente de uma escola sem autonomia, controlada pelos partidos dos secretários de educação, supervisores e diretores indicados por prefeitos e vereadores. Há 85 anos, a Cecília nos falava da ideologia de uma escola à mercê de políticos do partido no poder, que roubam a merenda da boca das crianças, e de *decretozinhos*, como aquele que propõe uma "escola sem partido".

Fui aluno de uma escola sem partido. Melhor dizendo, de partido único. Por efeito de uma

Concordata, a escola era serva do credo de uma igreja única. Numa escola dita republicana, as aulas começavam com orações e os filhos de pais ateus, ou de famílias protestantes, eram obrigados a rezar o credo católico. As professoras que quisessem casar eram obrigadas a pedir autorização ao Estado. Nas aulas de educação cívica, era feita a apologia da ditadura. Conheço bem os perversos efeitos dessa escola sem partido. Seis décadas decorridas, observo-os na sociedade brasileira.

Aquele encontro tinha por tema: "Educar para a cidadania" e a inevitável pergunta sobre a sazonal polémica me foi dirigida: *Você é a favor, ou contra a "escola sem partido"?*

Respondi ser contra o proselitismo e a doutrinação na sala de aula, e a favor de uma escola de todos os partidos. Pelas reações observadas, percebi que não me fizera entender. Os ânimos exaltaram-se entre adeptos dos candidatos A e B, personagens centrais de um ato eleitoral recente, num confronto verbal, em que pressenti laivos de fascismo num digladiar em que ninguém escutava os argumentos do opositor.

Quando o burburinho atingiu o seu clímax, interrompi a disputa: *Meus amigos, não quero saber qual o candidato da vossa preferência, porque o voto é secreto. Mas, já que estamos num encontro sobre educação para a cidadania, alguém poderá dizer-nos o que o levou a escolher entre o candidato A e B?* Para ser mais explícito, acrescentei: *Peço-vos que menecioneis uma das propostas do vosso candidato, no campo da Educação. Nem vos peço que enuncieis propostas da área da Saúde, ou da Economia, somente da Educação. O que vos fez decidir votar nesse candidato?*

Entre as centenas de professores ali presentes, nenhum deles havia lido sequer uma linha do programa eleitoral do candidato da sua predileção. Num tom apaziguador, tentei contornar o constrangedor silêncio, narrando um incidente crítico observado numa escola onde a palavra democracia não serve apenas para enfeitar currículo. Nela, os jovens escolhiam os seus representantes para a Mesa da Assembleia. No decurso do ato eleitoral, vi um professor pedindo aos alunos que citassem três propostas que a "chapa" da sua preferência havia apresentado. Acaso algum jovem eleitor não soubesse dar resposta, ficava impedido de votar.

Essa não é uma escola com partido, nem sem partido. É uma escola que não pretende educar para a cidadania, mas que educa na cidadania, num arco-íris ideológico, onde acontece um saudável confronto de ideias. Exercita-se a democracia representativa e os jovens aprendem a escutar e a respeitar quem toma partido.

Currículo e cultura profissional

Recebi mais um e-mail amargo, que rezava assim: *Quando se faz a escolha de turmas, o critério idolatrado é a antiguidade na escola. Professoras antigas na escola (aquelas que não gostam dos alunos "diferentes" – os anormais, lentinhos... sabes bem que termos usam) iriam pedir para trabalhar nas turmas do nosso projeto, pois isso lhes parecia confortável, "mesmo com esse tipo de alunos"! Quando ousámos peitar, fomos convidadas para que nos retirássemos ou nos calássemos. A antiguidade ainda é um posto. Como no exército! E o projeto acabou. Confesso que não soubemos lidar com tudo isso, não fomos maiores que a hipocrisia...*

Relato idêntico a muitos outros. Notícias de projetos extintos... por obra de maus profissionais. Eles existem!

Concordo com a minha amiga Cláudia. Ela segue o preceito freiriano e denuncia "os pseudo-profissionais que, protegidos pelo argumento da antiguidade, desbancam bons e bem-intencionados profissionais".

Ouçamo-la: *Os bons profissionais têm a oportunidade de edificação de projetos realizadores, enquanto os maus provam o alívio de ter garantida a aposentadoria, de preferência com vida longa numa escola localizada a poucos metros de casa. Esses jamais escolhem uma escola pelo sentido coletivo, pelo seu projeto. Por mais nocivos que sejam, acostumaram-se à impunidade que impera no serviço público e agem sob as vistas de um Estado igualmente ineficiente no atendimento aos direitos sociais da população.*

Ao longo de quase quatro décadas, vi-os fugir do trabalho com alunos, para ocupar um cargo "superior" nas secretarias e ministérios. Muitos se filiaram em partidos políticos, ascenderam na hierarquia dos gabinetes e dos partidos. Para quase todos chegou a vez de ocupar um cargo político de confiança, em comissões e subcomissões, nos gabinetes de um ministério. Aí se instalaram definitivamente, a ditar leis que os professores que ficaram nas salas de aula deveriam cumprir. Ingenuamente, ou não, convenciam-se de que administrar escolas é fazer contas de mercearia em papel de ofício. Até ouvi alguns desses pedagogos de gabinete a afirmar ser *necessária mais uma hora letiva por semana, para melhorar o desempenho em matemática* (sic), a par de outros disparates.

Eu vi a antiguidade aliar-se à mediocridade para destruir projetos. Conheci escolas em que coabitavam professores escravos e professores nababos, escolas em que estagiários eram proibidos de tomar café no bar dos professores. Havia professores de "horário zero" e aqueles que só iam à escola três dias em cada semana, beneficiando de reduções de componente letiva por "serem velhos na profissão", mas que, para além do salário, recebiam "horas extraordinárias".

Ao longo de muitos anos, em nome do "direito ao emprego", os professores da Escola da Ponte foram obrigados a suportar quem a tentou destruir por dentro. Houve quem alegasse "antiguidade" para obter privilégios, colocando obstáculos ao desenvolvimento do projeto. Teria de chegar a hora de defrontar vícios e desenvolver uma cultura de responsabilidade. Conquistámos o direito de escolher os professores e logo desabou sobre a escola a ira dos acomodados.

As escolas que quiserem manter-se imersas na mesmice, que se mantenham, porque a autonomia de faz de conta oferecida pelo ministério também pode servir para reforçar a tradicional heteronímia. Mas que sejam dadas condições do exercício de uma verdadeira autonomia às escolas que a reivindiquem. É preciso que a Escola Pública atinja a maioridade, para que a antiguidade deixe de ser um posto.

Arcaísmos

Em entrevista recente, um eminente filósofo e educador sentenciou: *a escola precisa distinguir o que vem do passado e deve ser protegido daquilo que precisa ser deixado para trás porque é arcaico.* Bem prega Frei Tomás! Quem escuta o sábio? Quem deixa para trás aquilo que é arcaico? As medidas de política educativa, que vamos merecendo — reformas, programas, projetos, assessorias, pactos... —, não logram emancipar-se do sarro da velha escola, naturalizam o insucesso, não deixam para trás o que é arcaico. Confesso a minha perplexidade perante tentativas de melhorar o que já não pode ser melhorado. Um sistema dominado pela burocracia sempre liquidou movimentos renovadores. Ao longo do século XX, falharam as nobres tentativas de mudança tentadas por Lauro, Maria Nilde, Freire e tantos outros grandes mestres. E a saga continua...

Uma escola, que quase se libertou de arcaísmos, irá receber da secretaria municipal de educação uma "proposta de retorno às avaliações bimestrais". Alegando o "baixo rendimento" da escola (que, aliás, se provou ser falso argumento), a secretaria exige uma "prestação de contas, como já ocorre nas demais escolas municipais" (leia-se: prova, provinha e outros arcaísmos).

É perigosa a crença nas virtudes das provas, que "não são capazes de avaliar nem um décimo do que é a escola". É preocupante saber que ainda há secretarias que acreditam na "objetividade" de um teste e o consideram "instrumento de análise do nível de qualidade do ensino". É confrangedora a ingenuidade pedagógica de quem confia nos índices de "decoreba" na educação básica. Temo pelas escolas à mercê de quem se atreve a avaliar projetos que não entende.

Resta saber quem avaliará arcaicas secretarias de educação. Quem assumirá a responsabilidade dos nefastos efeitos de uma política pública desastrosa, que produz um IDEB pífio, evasão maciça, o desperdício anual de 56 bilhões de reais e 30 milhões de analfabetos?

Sob a égide do ministério da educação, participei de muitas avaliações externas e reconheço a sua importância. Acompanho secretarias de educação e técnicos competentes, que não foram totalmente possuídos por burocráticos cinismos. Aprendo com universitários, para os quais a educação não virou ciência oculta. Apoio professores, que não se instalaram num comodismo acéfalo. Solidarizo-me com pais, no seu afã de libertar os seus filhos de uma educação arcaica. Mas o mês de maio trouxe más notícias...

Na mesma semana em que uma escola era caluniada, recebi duas mensagens decepcionantes. A primeira dizia: *Infelizmente, não tenho boas notícias. O prefeito não quer desenvolver o projeto aqui. Também puxaram meu tapete e, depois de muito sofrimento e reflexão, decidi solicitar minha saída da secretaria da educação. Percebi que a secretária está cercada por pessoas incompetentes e más e não quero mais ficar num lugar onde eu não tenho espaço, apoio e autonomia para trabalhar.* A segunda mensagem confirmava o fim de outro projeto, que consumiu muitos dos meus solidários dias: *Sinto-me envergonhada e triste por ver que a premência do secretário está em resolver coisas burocráticas e deixar a educação em segundo plano. Não sei o que mais precisará acontecer em nosso país para que os educadores decidam empunhar a bandeira da transformação urgente.*

Onde estão os educadores? Por que consentem que perdure o que é arcaico?

Homeopatia curricular

Conheci o Júlio nos meus primeiros tempos de Brasil. Nos seus quinze anos, os belos acordes que extraía do seu violão faziam as delícias dos clientes de um barzinho de esquina. Já em tenra idade se anunciava génio, exímio violonista. Amigos e fãs auguravam-lhe uma carreira promissora. Até que chegou o tempo dos vestibulares...

Há alguns meses, reencontrei-o, "ganhando a vida" numa loja de shopping:

> *Não gosto deste emprego. Mas o meu pai acha que a vida de músico é condenação à pobreza. E, como eu não consegui concluir o ensino médio...*
> *Por que não conseguiste?*
> *Porque eu nunca tive cabeça para aprender Matemática e Química...*

De pequenino se torce o destino. Quantos projetos de vida ficam encarcerados atrás de grades curriculares? A quantos júlios o currículo único rouba o direito de desenvolver dons, de realização pessoal e social? Se o Júlio estava vocacionado para a Música, por que razão teria de aprender a fazer equações de segundo grau, ou decorar fórmulas? A Matemática e a Química serão mais importantes do que a Música?

Frequentemente, no processo de elaboração de uma base curricular, disciplinas consideradas "nobres" são privilegiadas em detrimento das consideradas "menos importantes". Por exemplo: por que razão na proposta de Base Curricular se dá a designação de "Arte" a uma disciplina? Não se deveria considerar, por exemplo, as disciplinas de Artes Visuais, ou de Educação Musical, no lugar da disciplina... "Artes"?

É sabido que uma base curricular é uma construção histórica, reflexo de diferentes concepções de mundo e de ser humano, de influências políticas e ideologias. Também se apresenta como repositório de pressões corporativas e da indústria do cursinho para vestibular, bem como manobras de associações profissionais, que pugnam por maior carga horária das respetivas disciplinas, ignorando que a inclusão de mais algumas horas-aula não passa de contabilidade burocrática. E acontece *transbordamento curricular*, quando se acrescenta *educação ambiental* (de notar que a educação ambiental não constava de forma explícita no currículo da década de 1970), *para a cidadania, para a saúde*, para o consumo, áreas quase sempre abordadas de modo leviano. Consta que, na câmara dos deputados, transitam cerca de 250 projetos de lei com propostas de inclusão de novas matérias no currículo oficial... A BNCC está a precisar de um "enxugamento", que contemple apenas o essencial, um exercício de "homeopatia curricular". Se a "homeopatia" chegou ao Brasil em 1840 e se já é utilizada na Medicina, que também na Educação se administre doses mínimas, para evitar intoxicações.

O debate em torno da definição de um currículo único continua *terra de ninguém*. Do alto das cátedras ao chão das escolas, dos sindicatos às associações patronais, da padaria ao futebol, todo mundo emite opinião. No auge do "debate", surgem românticos contrapontos à hegemonia da cartesiana organização em disciplinas, aponta-se a necessidade de práticas interdisciplinares e transdisciplinares, mas ainda não vi referências a práticas indisciplinares...

Alguém ouviu falar de currículo subjetivo? No exercício de um desenvolvimento curricular indisciplinar, como definir um conjunto de saberes essenciais? Para que outras vidas não sejam entortadas e para que o Júlio possa cumprir o seu projeto de vida, o que deverá um músico aprender?

Haja paciência!

Era uma vez, um diretor que ambicionava dar um tablet a cada aluno. E foi notícia de relevo. Diz que "*não para enquanto não conseguir ter um tablet por aluno (...) pugna por que em dois anos não haja manual em papel, a carregar as mochilas dos meninos*". E faz questão de justificar: "*O manual vai estar sempre na biblioteca, mas o meu grande objetivo é que cada criança tenha um tablet. Posso ficar feliz se começarmos com os inícios de ciclos: primeiros, quintos, sétimos e décimos anos. Todos têm de ter um tablet*" (...) "*também é muito importante, nas salas de aula, não mandar embora os quadros à antiga*".

Não duvido das boas intenções do diretor. Libertar os jovens do carregar das mochilas é uma nobre intenção, mas não é válida a justificação. É irrelevante a substituição do quadro-negro pela lousa digital, é inútil equipar salas de aula com recursos informáticos, ou dotar cada aluno com um tablet, porque pesquisas recentes, apesar de não totalmente conclusivas, concluem que essas medidas pouco ou mesmo nada alteram o rendimento acadêmico. Presumir que o desejo do diretor possa constituir-se em paliativo de um modelo escolar cartesianamente segmentado em *primeiros, quintos, sétimos e décimos anos*, é pura ingenuidade. E não será suficiente *mandar embora os quadros à antiga*, se os antigos rituais se mantêm. Numa sala de aula, com ou sem lousa digital, pouco, ou mesmo nada, se aprende.

O nosso diretor exclama com orgulho: "*Fomos das primeiras escolas a ter o cartão, a ter os sumários digitais. As faltas iam e vão logo para a secretaria*", na presunção de que *sumários digitais*, ou o controle digital de presenças, possa ser fator de melhoria da ensinagem. À luz da produção científica no campo da educação, é descabido manter a expressão "sala de aula" no discurso pedagógico (e respetivos sumários). Falemos, antes, de espaços de aprendizagem, de espaços de convivência reflexiva, de que as escolas carecem. Reflitamos sobre competências-chaves do século XXI: interagir em grupos heterogêneos da sociedade, agir com autonomia, usar ferramentas interativamente, competências que, dificilmente, o modelo de ensino convencional reproduzido em "sala de aula" logra desenvolver.

Sigamos o raciocínio de um diretor, que está a pôr em prática mais um projeto, o das "*salas do futuro*":

"Os tablets têm um software que se aplica a matemática, português e estudo do meio e são essas disciplinas que podem ser trabalhadas com este suporte digital. Os alunos têm de responder às perguntas, consoante o ano e a disciplina em que estão. Em forma de jogo. Depois veem se acertam ou não. Há que tornar o ensino divertido!" Certamente imagina que os docentes com "formação específica, vão passar por estas salas, com os alunos, pelo menos uma vez por semana" (sic), para congelar aulas em computadores, — apenas do restrito currículo de *matemática, português e estudo do meio* —, que os alunos *skinerianamente* irão consumir, convertendo a escola num cassino onde os jogadores (leia-se: alunos) se divertem.

O diretor surpreende até o mais sábio pedagogo, quando pretende justificar outra das suas decisões: *Todos os meus alunos entram às 08h25. Ninguém sai depois das 17h00. Quero que tenham pelo menos duas tardes livres.* Sibilinamente, questiona: *Quem é que aprende matemática à tarde? Ou português?"* É admirável a sua convicção, mas as suas decisões não podem ser tomadas com base em crenças, deverão de ser fundamentadas na ciência. Alguma vez o diretor se terá perguntado por que razão (científica) todos os alunos devem entrar às 08h15 e sair antes das 17 horas? Ou porque todos têm de entrar, ou sair no mesmo horário? Saberá que aprendemos 24 horas por dia? E que, à tarde ou à noite, também se pode aprender matemática e português?

Para mitigar os efeitos da "aula" (convencional, ou digital) o diretor criou "*um centro de explicações interno na escola*": "*Quem quiser pode ter aulas-extra de matemática e português. Começou pelo sétimo ano*". Não nos informa do porquê de começar no sétimo ano. Nem se apercebeu, certamente, de que está a dar aos alunos mais do mesmo: aulas. E criou "*de raiz (sic) outro projeto: uma classe extra, que, durante seis semanas, funciona com cinco alunos de cada turma do respetivo ano. É a Classe Mais. Existe do 6º ao 9º ano nas disciplinas de Inglês e Matemática. E será sempre formada por grupos homogéneos em termos de aproveitamento escolar: podem ser os cinco melhores alunos de cada turma, nas seis semanas seguintes os extraídos podem ser os cinco com maiores dificuldades, de maneira a potenciar a aprendizagem*. Acresenta: "*Disciplinas como história, geografia, ciências passaram aqui a semestrais. Os alunos não têm de estudar para tantas disciplinas ao mesmo tempo. Concentram--se mais na história porque a geografia só terão no semestre seguinte. Diminuiu a ansiedade dos alunos em relação ao número de testes.*"

É comovente a ingenuidade do diretor. Não se apercebe de que as palavras produzem e reproduzem cultura: *classe extra, turma do respetivo ano, tedstes, grupos homogéneos*... Não compreende a origem da *ansiedade*, ou que *os extraídos com maiores dificuldades* são produto de uma escola ancorada num modelo epistemológico do século XIX, século em que fazia sentido falar de classe, turma, horário de entrada e saída, semestre, aula... E os equívocos do "revolucionário" diretor (é assim que o jornalista o considera) estendem-se por mais alguns parágrafos da "revolucionária" notícia, dando-nos conta da indigência pedagógica em que as escolas do meu país continuam atoladas. Modelos de ensinagem obsoletos se reforçam e prosperam, onde urge conceber novas construções sociais de aprendizagem, recriar o espaço e o tempo de aprender, fazendo uso de novas tecnologias ao serviço da humanização da escola, promovendo a partilha de conhecimento e a inclusão social. Haja paciência!

Cruzeiro do Sul

Peço emprestados alguns versos de uma canção do Renato Braz*:

Cruzeiro do Sul
Cruz de estrelas, apontando o sul, norteando a terra.
Talismã de luz no céu do planeta.
Punhal brilhante, rasgando a noite da solidão brasileira.

Para romper a nossa proverbial solidão, o meu amigo André não se cansa de recomendar que a proposta de BNCC contemple as chamadas competências não cognitivas, essenciais para a vida no século XXI. Tem razão o meu amigo. Se uma BNCC é um projeto de Sociedade, se requer que nela seja garantida alguma contribuição para a prática de uma

---

* Renato Braz é um dos muitos cantores banidos por uma mídia apostada em manter o povo brasileiro num estado de subdesenvolvimento ético e estético.

educação integral, geradora de um autoconhecimento propiciador do reconhecimento da existência do outro. Mas, também neste capítulo, a BNCC peca por omissão. Apesar de, nos *princípios orientadores*, fazer referência à *sociabilidade* e a *atitudes éticas*, de fato, apenas nos informa de conteúdos de disciplinas. Cadê os alicerces do caráter? Um ser humano não é só cognição. Cadê a ética?

Não se trata de criar uma disciplina como a antiga Educação Cívica, pois *desenvolver critérios práticos, éticos e estéticos* é algo transversal, podendo ser aprendido enquanto se aprende Matemática. Porém, *participar ativamente da vida social, cultural e política, de forma solidária, crítica e propositiva* não pode ser matéria de "anos iniciais ou anos finais", ou conteúdo "dado no 7º ano".

> *Sem pensar nas cruzes ou nas bandeiras,*
> *Quem dera as luzes da Via-Láctea iluminassem as cabeças*
> *E acendessem um sol em cada pessoa,*
> *Que aquecesse o sonho e secasse a mágoa.*

O poeta Miguel Torga assim define fronteira: *de um lado terra, do outro lado terra; de um lado gente, do outro lado gente*. Mas eu vi na TV que, em ambos os lados de um muro perpendicular ao edifício sede do Poder, em ambos os lados dessa absurda fronteira, havia duas "terras de ninguém", espaços vazios, a precisar de preenchimento. Talvez esse espaço vazio possa vir a ser ocupado numa reconstrução partilhada entre o vermelho e o amarelo, se os jovens de hoje não forem apenas preparados para a cidadania, mas educados na cidadania, no exercício de uma liberdade corresponsável.

Esta terra é boa, não é à toa que a gente acredita.

Tem razão o Renato Braz. Existe outro Brasil, fora do Jornal Nacional. E, para além de um obsceno confronto, existe um Brasil da fraternidade, onde é possível criar espaços de celebrar o encontro.

Acredito ser possível colocar compreensão no lugar da intolerância e trocar o ódio pelo diálogo. Outro Brasil é possível. Necessário é que não haja dois lados. Para que esse Brasil vire realidade, compete à escola ensinar a reconhecer direitos e deveres, para que os jovens aprendam a identificar e combater injustiças, se dispondo a enfrentar, ou mediar eticamente conflitos de interesse. Cabe à escola a tarefa de educar integralmente, na abertura à diversidade.

Outras crônicas

Há pouco tempo, a vida era igual aos grupos de camponeses que iam à missa aos domingos no vilarejo vizinho: todos juntos, pais, mães, avós, vizinhos e amigos, também as crianças, e às vezes até o cão, que não queria voltar para casa, e o gato que os acompanhava de muro em muro, até as últimas casas do lugarejo. [...] a criança herdava naturalmente o conhecimento, as reflexões e o bom senso das gerações que caminhavam assim, perto dela, tutelares. [...] as condições do meio mudaram radicalmente: o grupo complexo e coerente desagregou-se [...] vemos as crianças a trotar sozinhas, em desordem, inquietas e desorientadas, pelo caminho onde nada mais as guia ou as encoraja. [...] As crianças só serão salvas se a escola souber e puder reagrupá-las e, utilizando métodos adaptados à dinâmica contemporânea, fazê-las unir-se aos velhos sábios e lentos, aos pais atarefados e aos jovens embriagados pela velocidade. É essa conjunção, difícil porém necessária, que a escola atual deve realizar

Celestin Freinet

A única coisa que interfere com o meu aprendizado é a minha educação.

Albert Einstein

Um episódio exemplar

Quanto eu aprendi naquela reunião! A partilha de conhecimento acontecia naturalmente entre professores, que desenvolviam projetos reconhecidos como inovadores pelo ministério da educação. Da agenda constava a apresentação de uma proposta de protocolo de avaliação de projetos considerados inovadores. Uma senhora apresentada como "especialista em currículo" ordenou a uma subordinada que desse início à sessão de *power point*. Rendidas as devidas homenagens pelos seus inferiores, a "especialista" passou a conduzir os trabalhos, lendo slides, numa sequência monótona e repleta de equívocos.

Ao meu lado, um professor de uma das equipes de projeto suspirava de enfado, pois já deparara com vários disparates com chancela de cientificidade, que nenhum dos presentes ousara comentar. Não se conteve, quando a dita especialista em currículo referiu como critério de avaliação do projeto o "índice de reprovação". Respeitosa e pertinentemente, questionou:

A senhora admite que projetos inovadores naturalizem o insucesso, que se reprove? Na nossa escola, acabamos com segmentações. Por isso, não se reprova.

Do alto do seu pós-doutoramento, sem disfarçar a irritação, a "especialista" interrompeu:

Senhor professor, as outras escolas não são como a vossa! Não podemos exigir mais dos professores. Eles não sabem trabalhar de outra maneira. O senhor não pode impor as suas teorias aos outros!

Não agradou ao professor que alguém tratasse outros professores com condescendência. E respondeu que não se tratava de teorias, mas de práticas transformadoras, desenvolvidas em escolas onde arcaísmos como a reprovação deram lugar a uma avaliação formativa, contínua, sistemática.

Um esgar de desagrado e desdém atravessou a face da "especialista". Ignorou a interpelação e passou a ignorar a presença do professor.

A apresentação prosseguiu até ao momento em que a "especialista" prescreveu que fosse feita observação de aulas. Após escutar o enésimo absurdo de idêntico jaez, o professor perguntou:

Em que século estamos, minha senhora?

Ela respondeu com ironia à ironia:

Não queira parecer original! Terá de ser, mais ou menos, assim! E agradeço que não me interrompa!

Observador atento, fui mais fundo na compreensão do drama daquela "especialista", cativa de um modelo de escola que apenas admite uma prática pautada no "mais ou menos". Vivemos, mais ou menos, submetidos às decisões de "especialistas em currículo", que consideram os professores incapazes de compreender e ainda menos de fazer diferente, de inovar.

Muitos anos decorridos sobre esse lamentável episódio, entre a sofisticação do discurso e a pobreza das práticas, gestores "mais ou menos", formadores "mais ou menos" e técnicos superiores "mais ou menos" vão parindo bases curriculares e medidas (provisórias, ou definitivas) "mais ou menos". Institutos, fundações e outras agências de financiamento apoiam projetos "mais ou menos", perpetuando a reprodução de seres humanos "mais ou menos", a quem recusam o direito à educação.

Silêncios

Milton Santos identificou dois fantasmas, que alimentam a aversão ao novo nas instituições de raízes franco-lusitanas: de um lado, burocratização e institucionalismo; de outro lado, inércia e conservadorismo. Há décadas, congresso após congresso, escutamos as mesmas ladainhas: acadêmicos proclamando virtudes das didáticas das respetivas disciplinas; especialistas das novas tecnologias, anunciando a remissão das aulas por via da introdução de plataformas digitais e de outras panaceias; animadas e anestesiantes palestras motivacionais, ingênuas tentativas de melhorar um velho modelo educacional, que não tem conserto.

Entretanto, as medidas de política educativa continuam dependentes de opiniões e crenças de economistas, engenheiros, jornalistas, advogados, políticos, para os quais as ciências da educação são ciências ocultas. Onde estarão aqueles de quem se deverá exigir a compreensão da inutilidade dessas medidas? O seu obsceno silêncio permite que escolas ditas alternativas adotem modismos pedagógicos, que sistemas de ensino operem mudanças cosméticas, que fundações e institutos financiem a mesmice, na ignorância da necessidade de conceber novas construções sociais de aprendizagem.

Na *terra de ninguém* da educação, deputados fazem aprovar emendas milionárias, para construção de *elefantes brancos*, legitimados por arquitetos adeptos da pedagogia predial. Oportunidades se perdem, a cada quatro anos. E o direito à educação se esvai no sobe e desce do PISA, do IDEB e de outros rankings, porque se crê que a preocupação com o termômetro pode fazer baixar a temperatura...

Visando efeitos de curto prazo, os governantes optam por escutar o conselho de burocratas incapazes de compreender que um modelo educacional concebido no século XIX encontra-se defasado em relação à complexidade da sociedade contemporânea. Consciente do fato, um responsável ministerial disse ser ensurdecedor o silêncio das ciências da educação.

Diz-nos o Morin e o Delgado que, *longe de ser um esforço iluminista, a reforma educativa há de se fundir com a reforma do pensamento, da política e do político*. Pois que aconteça! Quando foi publicado um livrinho, que dá pelo título de *Dicionário dos Absurdos da Educação*, recebi críticas virulentas, provindas de acomodados e incomodados. E, nessa época, ainda não havia formulado algumas singelas perguntas dirigidas aos meus companheiros das ciências da educação. Ei-las:

A Constituição e a Lei de Bases consagram o direito à educação de todos os cidadãos?

É sabido que sim.

O velho modelo de escola, que os ministérios fomentam e as escolas replicam, logra assegurar a todos esse direito?

A resposta é um não.

Então, se o modo como as escolas ensinam não logra cumprir a lei, poderão as escolas continuar a trabalhar desse modo? Se a educação é um direito de todos, por que razão o poder público sonega esse direito? *Mutatis, mutandis*: os ministérios e as escolas terão o direito de continuar a agir desse modo?

Claro que não! Mas, continuam, sob o manto diáfano de um ensurdecedor silêncio das ciências da educação. Cadê a ética, companheiros?

Aula invertida

A comunicação social é pródiga na divulgação de absurdos e a última "inovação" veiculada pela grande media foi a da *aula invertida*. O que vem a ser isso? Nas palavras do seu "criador", *flipped classroom*, ou *sala de aula invertida*, é o nome que se dá ao método que inverte a lógica de organização da sala de aula. Os alunos aprendem o conteúdo no aconchego dos seus lares, digerindo *videoaulas* e *games* (a chamada *aula cassino*). Na sala de aula, fazem exercícios...

Diz-nos a *media* "especializada" que o *peer instruction* foi inventado há cerca de vinte anos atrás. Há vinte anos? Há quase um século, o Vygotsky nos dizia que a aprendizagem é resultante de um processo interativo e considerava a existência de uma ZDP, que representa a diferença entre o que o aprendiz pode fazer individualmente e aquilo que é capaz de atingir em colaboração com outros aprendizes. Também sabemos que, há mais de trinta anos, o Papert escreveu sobre o assunto. E que, há cerca de quarenta anos, o trabalho de pares era prática comum no quotidiano de uma escolinha de Portugal, muito antes de um professor de Física o ter "inventado".

Diz-nos o "inventor" que, *nos últimos 23 anos, em aulas de diferentes disciplinas, ficou comprovado que o ensino ativo (active learning) coloca o foco no estudante*. Cheira a escolanovismo reciclado...

Diz que *mudar é difícil, especialmente na universidade, que mudou muito pouco nos últimos 400 anos*. Devo reconhecer que tem razão. Só não entendo por que busca compradores da "invenção" nas universidades.

Acrescenta: *Na sala de aula, existe uma pessoa falando em frente aos alunos (...) não se dá conta de quão pouco seus alunos aprendem*. Se assim é, por que razão metade da "invenção" acontece em sala de aula?

O "inventor" do método diz ter escrito um livro sobre a abordagem (felizmente, sem tradução em português). Eu recomendaria substituir essa leitura por versos do Drummond: *Deus que livre vocês de uma escola em que tenham que copiar pontos, de decorar sem entender, de aceitarem conhecimentos "prontos", mediocremente embalados nos livros didáticos descartáveis, de ficarem passivos, ouvindo e repetindo*. Ou escutar o amigo Nóvoa, referindo-se à escola da aula: *uma instituição retrógrada, detentora de esquemas arcaicos de organização do trabalho, sistemas de ensino* centralizados e estruturas físicas e curriculares rígidas. Hoje sabe-se que este modelo está fatalmente condenado. Os brasileiros deveriam procurar caminhos de alforria científica e a sua maioridade educacional na obra de um Milton Santos, ou de uma Maria Nilde, mas insistem em comprar gato por lebre, desde que o gato venha do estrangeiro. Essas novidades importadas, não passam de inovações requentadas. E é confrangedora a receptividade da universidade brasileira a tais "inovações".

Por que não reagem os pedagogos brasileiros ao neocolonialismo pedagógico? Acaso os nossos professores universitários não leram Freire? Não leram Lauro? Afinal, o que leem os nossos professores?

Certamente, não terão lido Drummond: *Eu também queria uma escola que ensinasse a conviver, a cooperar*. Desconhecendo que a "invenção" *gringa* já tinha sido inventada em escolas do Brasil da década de 1960, um centro universitário brasileiro promoveu uma palestra proferida pelo "inventor". E um consórcio de catorze universidades brasileiras vai adotar (leia-se: comprar) o "método" — *a intenção do consórcio é capacitar 300 professores em três anos* (sic).

Volta e meia, mais uma moda pedagógica desce do hemisfério norte. Mal não viria ao mundo, se educadores tupiniquins a não comprassem. Mas compram.

A mátria da educação

Em Portugal, a Lei de Bases, no seu artigo 48º, estabelece o primado dos critérios de natureza pedagógica sobre os critérios de natureza administrativa. Mas, se algum brasileiro imagina que Portugal possui um sistema educativo mais aperfeiçoado que o brasileiro, que se desengane. O artigo 48º, que se saiba, nunca foi revogado, mas é letra morta. As mazelas são as mesmas nas duas margens do Atlântico. Muitas escolas padecem de uma administração fossilizada. Dez anos após a celebração do contrato de autonomia da Ponte, outras escolas celebraram contratos desgastados por uma regulamentação adaptada à racionalidade burocrática, sobrevivem numa autonomia de faz de conta.

Escrevo enquanto percorro a lusa pátria, cujo presidente não ousa dizer que seja "pátria educadora", enquanto quem governa o Brasil nos diz que *a educação é a prioridade das prioridades, dado que só a educação liberta um povo e lhe abre as portas de um futuro próspero*. Não ouso duvidar das boas intenções dos governantes brasileiros. Mas será preciso informá-los de que existe um requisito mínimo, para que essa pátria educadora aconteça: a autonomia das escolas.

Conheço uma escola que tem uma prática coerente com o seu PP-P escrito. Talvez por essa razão, um supervisor tivesse exigido que os professores dessa escola voltassem a dar aulas. O diretor da escola reagiu, alegando que o seu PP-P pressupunha a erradicação dessa obsoleta prática. A Diretoria admitiu desconhecer a existência do PP-P. E, peremptoriamente, afirmou que a autorização de abertura de uma escola é feita com base num regimento interno (RI).

Sabemos que o RI é um documento subsidiário de um PP-P, que uma escola se rege (ou deverá reger-se) por critérios de natureza pedagógica. Mas, ao que parece, aquela diretoria não sabe. E o lamentável episódio alerta-nos para o fato de que não é suficiente que um Darcy introduza um artigo 15 na LDBEN. É necessário que diretorias e secretarias entendam que autorizar o funcionamento de uma escola não é o mesmo que autorizar o funcionamento de uma padaria.

O que fazer quando, fazendo orelhas moucas a argumentos válidos, a Diretoria de Ensino ameaça a escola com uma auditoria? O que fazer quando a Diretoria de Ensino diz não ter autonomia e que vai queixar-se à Secretaria de Estado? O que fazer perante a insensibilidade e a prepotência de certas diretorias e secretarias? Quero acreditar que essa diretoria seja exceção e não a regra. Mas deveremos reconhecer que o sistema patriarcal está profundamente radicado na administração escolar.

Se do termo patriarcado deriva a palavra pátria, do *pater familias* dependia a *libertatis* dos escravos... A pátria determina o território da nossa origem biológica e social, enquanto a mátria é o lar coletivo da inteligência. Assim o disse o Padre Vieira, na Bahia de 1639: *Se a pátria se derivara de terra, a mãe que nos cria, havia-se de chamar Mátria.*

Haja esperança! Enquanto uma secretária de educação age de modo "patriarcal", um secretário de educação "matriarcal" declarou:

> Urge reinventar a escola para que forme sujeitos capazes de construir conhecimentos a partir de valores como a cooperação e a solidariedade (...) firme no propósito de garantir Educação democrática e de qualidade, construiremos juntos o Plano Municipal de Educação.

Haja esperança! Secretários e secretárias de educação já estão a fazer do Brasil uma mátria da educação.

Projetos

A educação parece ser um "reino do faz de conta".

Aqui, trabalhamos por projetos — apressou-se a dizer a simpática diretora. E fez-me sentar junto de um aluno, para que eu visse "o projeto que ele fez". Sentamo-nos num canto de uma biblioteca vazia. Quis saber o seu nome. Dei-lhe um abraço e perguntei:

Qual é o teu projeto, meu jovem?

É sobre o tubarão — respondeu.

Então, tu quiseste estudar o tubarão...

Não, tio. Eu não queria estudar o tubarão.

Não quiseste estudar o tubarão e estás a estudar o tubarão? Explica, por favor.

O tubarão é um tema, tio. Na semana passada, a senhora diretora foi à nossa sala e disse que, nesta semana, vinha cá um senhor, para ver a gente a fazer projetos. E a tia perguntou o que nós queríamos estudar. Eu queria estudar robótica. Mas a tia fez uma votação. A maioria da turma queria estudar o tubarão. Aí, a tia disse que o tema era o tubarão. E que era para todo mundo.

Compreendi. E, agora, o que estás a fazer?

Estou a fazer pesquisa.

A esperança, que em mim esmorecera, reacendeu-se: *Posso ver?*

O jovem abriu o caderno e eu li: "Pesquisa: O tubarão não pode parar de nadar, conforme a gravura anexa".

Interrompi a leitura e perguntei: *Onde está a gravura anexa?*

Está no livro, tio.

Se está no livro, mas não está neste caderno, por que escreveste no caderno "conforme a gravura anexa"?

Porque é o que está no livro, tio.

Agradeci a amabilidade do jovem e, pesaroso, afastei-me. Aquele aluno não estava a fazer um projeto, não estava a aprender. Estava a copiar informação inútil e a perder tempo. Soube, mais tarde, que essa escola recebeu um prêmio...

Impunemente, muitas escolas disfarçam a grave lacuna de não cumprirem (na prática) o seu PP-P (escrito). Nelas, o professor confecciona projetos para a turma, quando deveria construir projetos com cada aluno, a partir de necessidades, desejos, interesses. Desperdiça o seu precioso tempo planejando aulas, quando deveria ensinar o aluno a planejar: saber gerir tempos, espaços, recursos. Tenta transmitir informação, quando deveria propor roteiros de estudo, habilitar o aluno na pesquisa, assegurar mediação pedagógica, propiciar a passagem da informação à produção de conhecimento.

Impunemente, secretarias burocratizadas legitimam o "faz-de-conta", enquanto praticam um legalismo desprovido de legalidade. Impunemente, produzem portarias, resoluções e outros normativos, que atentam contra o disposto na Lei de Diretrizes e Bases e perpetuam um modelo de escola obsoleto. A educação anda à deriva de ocultos interesses. Sacrifica-se a ética no altar da "governabilidade". Ignora-se que nas decisões de política educativa devem prevalecer critérios de natureza pedagógica, pereniza-se o "faz de conta". Até quando iremos adiar o projeto educacional, que poderá fazer do Brasil um país próspero e fraterno?

No MEC, um ministro pedagogo já foi substituído por um economista. *Mutatis mutandis*, espero ver, um dia, um pedagogo a dirigir o Ministério da Economia.

Corrupções

Um secretário de educação tomou consciência de que o insignificante IDEB do seu município (2,8 numa escala de 0 a 10) talvez tivesse relação com o fato de não estar a ser cumprido o seu Plano Municipal de Educação... As diretrizes definidas no PME — nomeadamente, *a melhoria da qualidade do ensino, a erradicação do analfabetismo, a sustentabilidade socioambiental, a promoção da gestão democrática e da cidadania (...) com ênfase nos valores morais e éticos em que se fundamenta a sociedade* — não se concretizavam.

Surpreendente constatação! As opções de política educativa adotadas nesse município não logravam alcançar *a melhoria da qualidade do ensino*. Os índices de analfabetismo continuavam aterradores, sendo o nível de proficiência em Português e Matemática (percentual de alunos de 9º ano com plenas condições de compreender e se expressar) inferior a 10%. A *sustentabilidade socioambiental* do município permanecia uma quimera, enquanto a floresta, que assegura o sustento da população, continuava sendo destruída. E a promoção da *gestão democrática* não passava da intenção. Em meados de Maio, nenhuma iniciativa nesse sentido fora tomada, quando o Plano Nacional de Educação estabelece o final de 2016 como prazo limite para cumprimento dessa meta.

Cadê a promoção dos *valores morais e éticos*, se a *promoção da cidadania* é mera retórica? Em vão, vasculhei a proposta de Base Nacional Curricular em busca de referências concretas à dimensão ética do currículo. Apenas constam do texto introdutório, como mera expectativa de aprendizagem: *que, ao longo de sua vida escolar, possam (...) cultivar o convívio afetivo e social, fazer-se respeitar e promover o respeito ao outro.*

Sucessivos escândalos revelam a existência de corrupção entre agentes educativos. Muitos milhões de reais são "desviados" por políticos, que parece terem aprendido Matemática sem terem aprendido a ser gente. Gestores corruptos "desviam" a verba destinada à merenda escolar e outras máfias se instalam no "sistema". Porém, outra sutil corrupção afeta o funcionamento do sistema educativo, sendo mais destrutiva do que o Zica: a corrupção da prática pedagógica.

Professores do referido município compreenderam que, dando aula, muitos dos seus alunos reprovam, que essa obsoleta prática nega o direito de aprender. Por serem (como todos os professores são) seres inteligentes e sensíveis, concluíram que, se o modelo de ensino por eles adotado condenava muitos jovens à ignorância, não poderiam continuar a "dar aula".

Se, há mais de meio século, o Lauro nos avisava de que a aula é nefasta, por que razão se continua a "dar aula" nas escolas brasileiras? Poderá um professor ser antiético? Porém, quando esses professores ousaram iniciar caminhos de mudança, viram cerceados os seus intentos, por ação (ou inação...) de supervisores da secretaria.

A situação não é exclusiva desse município. Impunemente, secretarias de educação inviabilizam o cumprimento do Plano Nacional de Educação, dando-lhe o mesmo destino do anterior plano decenal, que não foi cumprido. Porque o exemplo "vem de cima", observo práticas contraditórias. Na maioria das escolas, o político-pedagógico não passa do papel para as práticas. Com o aval do poder público, os professores continuam "dando aula", conscientes (ou inconscientes?) de que, desse modo, muitos jovens não aprendem.

Até quando reproduziremos práticas excludentes?

Nem ao diabo lembra...

Um pai pediu transferência do seu filho para a nossa escola, alegando que a criança sofrera humilhação por ser uma "criança adventista". Perguntei-lhe se conhecia crianças *"católicas"*, *"socialistas" ou "flamenguistas"*. E se não haveria apenas crianças. Sem rótulos!

Trabalho com educadores de todos os credos, crente de que, em matéria religiosa, nenhuma crença, ou descrença, vale mais do que outra. Nada me move contra qualquer credo, mas considero ser necessário assegurar o respeito pela criança. E pela diferença!

Como diria o Ademar, não compete à escola ensinar uma religião, nem ensinar o ateísmo. Quando a religião entra na escola, deixa de ser fator de integração e de união para passar a ser um fator de divisão e de segregação. A abertura estreita da burca mental de certos "educadores" somente os deixa ver o que é permitido num horizonte encurtado pelo fanatismo. Ilustrarei com exemplos. E recomendo a leitura das crônicas que a Cecília Meireles escreveu sobre o assunto, na era Vargas. Setenta anos depois, elas mantêm atualidade.

Em algumas escolas brasileiras, um livrinho serviu de material para inculcar doutrina. Eis alguns excertos do livrinho, reflexos da ideia de um Deus cruel, postados numa ténue separação entre doutrinação e obscenidade: "*Nas Escrituras, Deus ordena aos pais que a utilizem a vara como instrumento na criação dos filhos. A aplicação da vara tem por objetivo corrigir na criança os elementos que podem impedi-la de obedecer ao Senhor com alegria. Bater é uma forma de preparar o coração das crianças para buscar o que de melhor Deus tem para ela*".

Quando se discutia o uso do crucifixo nas escolas, uma "educadora" escrevia num blog: "*Não é o nosso povo maioritariamente católico? As pessoas que são contra o uso do crucifixo, se não estiverem contentes, que se mudem para outra terra*". Bem nos avisava o grande Abbé Pierre: "*a Igreja Romana não está ainda curada das suas chagas: a miséria dos privilégios*". A Igreja Católica perde crentes e a hegemonia, enquanto surgem instituições evangélicas ávidas de espaço na educação brasileira, numa disputa por delimitação de território. Numa escola, assisti a uma cena degradante: uma professora "católica" acusava de todos os males os evangélicos e uma professora "evangélica" replicava no mesmo tom. Enquanto eu ensaiava uma prece: *Que Deus tenha piedade das crianças que caírem nas mãos desta gente!*

Num tempo de fanatismo, como é o nosso, é perigosa a defesa de um ensino confessional nas escolas públicas, porque, qualquer que ele seja, pressupõe uma visão redutora do ser humano e de mundo. O Decreto n. 1960, de 16 de dezembro de 1906, que aprovava o Regulamento da Instrução Primária e Normal do Estado de Minas Gerais, já nos dizia que a educação moral deveria "ser naturalmente respirada na atmosfera da escola".

Valores devem ser ensinados, mas sem a contaminação de sectarismos. Sem negar a relevância de uma fé autêntica, o domínio do secular deve ser objeto de crítica e debate e não ficar subordinado a "verdades reveladas". Muito menos deverá ficar nas mãos de ensinantes, que se consideram proprietários da consciência, da ética e da moral dos outros, e que exercem sobre os alunos sutis formas de condicionamento espiritual. Quem se recordará do projeto de lei *"Deus na escola"*, que feria o princípio da laicidade do Estado e o direito à igualdade e liberdade de consciência e de crença? Se a memória é curta, convém prevenir novas investidas, que contrariam o disposto no artigo 227 da Constituição. Nem ao diabo lembra explicar a divindade como conteúdo escolar!

Lições de humanidade

Não vá por aí, que tem assaltante esperando!

Arrepiei caminho, com um sorriso de agradecimento para o moço que me lançara o aviso, e que afagava um vira-lata esquálido, que retribuía lambendo-lhe o rosto. Mais adiante, um menino da rua remexia num caixote de lixo e retirava dele um pedaço de carne suja e infecta. Sacudiu-o, para soltá-lo de pedaços de guardanapo de papel. Quando já abria a boca para engoli-lo, um transeunte foi junto do moço e deu-lhe uma nota de vinte reais. E, em silêncio, se afastou.

Retirante baiana, a Antônia chegou à grande cidade só com os andrajos que lhe cobriam o magro corpo. Não foi o amor, mas a fome, que a fez parir dez filhos, a juntar aos oito que o seu homem já fizera em outra mulher. Vai fazer cinquenta anos, mas tem no rosto as marcas de séculos de provações — mais de um século decorrido sobre a Lei Áurea, ainda existe uma cidadania que conhece, possui e tem poder e uma cidadania que nada possui, pouco conhece e nada pode. Há dez anos, o seu homem sofreu três derrames e caiu na cama para não mais se levantar. A Antônia cuida-o com o mesmo desvelo que dedica a um menino que uma jovem nordestina lhe confiou, antes de se perder nos atalhos da vida e da prostituição.

O meu menino é como o meu homem, não fala nem consegue andar dois passos, mas eu peço à senhora que o deixe vir para a sua escola. Vai ver que ele ainda assim consegue aprender...

Comovida, a diretora da escola abraçou a Antônia e a garantiu-lhe que o Edilson seria bem tratado e aprenderia tudo o que pudesse aprender. A Antônia abriu no rosto um sorriso terno e desdentado e lá se foi de bem com a vida. E eu ali fiquei, num canto da sala, a voz amordaçada pela emoção, incapaz de responder à diretora, quando me dirigiu a palavra: É *como canta o Milton, professor, "há que se cuidar do broto, para que a vida nos dê flor"*.

Dizia o mestre Agostinho da Silva que não existem só poetas de verso. A ideia de que a pessoa tem de se dizer poeta porque faz verso, não é verdade. Poeta é aquele que cria na vida alguma coisa que na vida não existia. Na minha peregrinação pelo Brasil das escolas, encontro poesia nos gestos mais simples, aprendo humanidade, deparo com beleza a todo o momento.

E, no dia em que conheci a Antônia, aconteceu uma *overdose*... A Tatiane deixou uma mensagem no meu computador:

O que me move é o amor, pela vida, pelo outro e por acreditar nisto traço meu percurso enquanto educadora na emoção e no sentimento. Não posso basear minha ação pedagógica no sistema falho, devo baseá-la no ato vivo na emoção e na relação que estabeleço a cada dia. Para resgatar este outro que foi julgado, descriminado e rotulado...

Comenius, na Pampaedia, diz-nos: *Nosso primeiro desejo é que todos os homens sejam educados plenamente em sua plena humanidade, não apenas um indivíduo, não alguns poucos, nem mesmo muitos, mas todos os homens, reunidos e individualmente, jovens e velhos, ricos e pobres, de nascimento elevado e humilde.* Infelizmente, não parece que vamos nesse sentido. E, como alguém já disse, quando falha a educação, sobe à cena o polícia e o juiz... *Não vá por aí, que tem assaltante esperando!*

Mas, nas minhas peregrinações pelo Brasil das escolas, encontro muita e maravilhosa gente que busca realizar o desiderato de Comenius. A esperança — aquela que Pandora não deixou que saísse da sua caixa e cuja etimologia nos remete para a fé na bondade da natureza — manifesta-se em discretos gestos de educadores, que nos dão lições de humanidade.

Exílios

Era uma vez... duas escolas, lado a lado com um córrego poluído. Durante décadas, essas escolas deram aula de educação ambiental a alunos moradores de barracos palafitas, precariamente edificados sobre o córrego poluído. Por décadas, o córrego nessa condição permaneceu. Até que uma das escolas alterou o seu *modus operandi* e os efeitos não se fizeram esperar. Jovens desmotivados motivaram-se, empreenderam freirianas leituras do mundo, o rendimento acadêmico melhorou, a comunidade estreitou laços com a escola, a recuperação do córrego começou.

O fenômeno gerou curiosidade. E o secretário de educação quis saber a origem do inusitado projeto. Apercebeu-se de que, a par dos benefícios, era menor o custo. Membros da comunidade, que acompanhavam o projeto dessa escola, faziam-no gratuitamente, enquanto a secretaria de educação já havia despendido milhões de reais em cursos e consultorias ditas de "qualidade total", sem que, total ou mesmo parcialmente, a dita qualidade se manifestasse.

No primeiro encontro com a secretaria, um dos educadores formulou uma crítica construtiva e fundamentada ao modo como a formação de professores vinha sendo realizada, por induzir os professores à reprodução de um obsoleto modelo de escola. As técnicas da secretaria responsáveis pelo setor da formação, que nela entraram mudas e dela saíram caladas, foram fazer "queixinha" ao seu chefe. O chefe, por sua vez, queixou-se ao secretário. E o senhor secretário mandou suspender o projeto.

Ao longo de mais de quatro décadas, cansei-me de assistir à destruição de projetos, por via de caprichos de governantes, da incompetência de funcionários, da sanha persecutória de burocratas. A falta de conexões com as necessidades e realidades de comunidades não prejudica apenas o desenvolvimento cognitivo dos jovens — afeta negativamente o exercício da cidadania e sedimenta a submissão a um modelo excludente de sociedade.

Houve quem tentasse dar sentido à escola sem sentido. No tempo dos mestres Anísio, Agostinho, Lauro, Darcy, Freire, o Brasil parecia encaminhado para a melhoria da qualidade da sua educação. Perdemo-nos por descaminhos. Freire foi traído. E o conservadorismo pedagógico alia-se a um poder destituído de saber, para destruir projetos, que os herdeiros de Freire vão tentando desenvolver. As medidas de política pública continuam assentes na crença de ser possível melhorar aprendizagens sem que se processe a reconfiguração das práticas escolares, sem que surjam novas construções sociais de aprendizagem. Ou em equívocos como o de crer na despoluição de um córrego, sem que os herdeiros de Freire desocultem a miséria da pedagogia e outras ocultas misérias, e devolvam as escolas às comunidades, de onde a modernidade as exilou.

Durante o período negro dos governos militares, o Rubem — que neste fatídico Julho nos deixou órfãos — e outros brilhantes pensadores exilaram-se, e muitos projetos pereceram. O Rubem conduziu-me à descoberta de Anísio, que defendia a necessidade de mudar a escola, para que esta se tornasse um instrumento de mudança social. Levou-me ao encontro da Nise, do Florestan, da Nilde, do Lauro e de um íntimo Freire, sobre cuja integração na ortodoxa universidade o Rubem escreveu um "não-parecer"...

A morte do mestre Rubem significará um novo exílio? Confesso a minha perplexidade por assistir à morte da memória do Anísio e por ver Freire sequestrado nos arquivos de teses das universidades, quando a sua obra deveria inspirar o labor dos educadores e das escolas brasileiras. Que país é este, que mantém no exílio os seus maiores educadores?

Custa acreditar

Num dos seus primeiros discursos, o Presidente da República Francesa afirmou que *é pela solidariedade e não pela austeridade sem fim que os objetivos do défice público serão alcançados*. E do discurso passou aos atos. Mandou que fossem leiloados os carros oficiais e colocou o produto dessa venda no Fundo da Previdência, auxiliando regiões com subúrbios mais carentes. Aboliu o uso do "carro da empresa", com este argumento: *se um executivo que ganha 650.000 euros por ano, não se pode dar ao luxo de comprar um bom carro com o seu rendimento do trabalho, significa que é estúpido, ou desonesto. A nação não precisa de nenhuma dessas figuras*. Com essa medida, 345 milhões de euros foram salvos e transferidos para a criação de institutos de pesquisa científica avançada de alta tecnologia, dando emprego a 2.560 desempregados jovens cientistas.

Acabou com o conceito de "paraíso fiscal" e fez publicar um decreto que aumenta os impostos das famílias que ganham mais de 5 milhões de euros por ano. Com essa receita, deu emprego a quase 60.000 desempregados, entre os quais, 6.900 professores. Suspendeu o pagamento de 2,3 milhões de euros a igrejas que financiavam escolas privadas, e com esse dinheiro apoiou um plano de construção de 4.500 creches e 3.700 escolas. Aboliu os subsídios do governo para fundações. Reduziu o salário dos deputados e dos altos funcionários que ganham mais de 800.000 euros por ano. Com os cerca de 4 milhões economizados, criou um fundo que dá garantias de bem-estar para mães solteiras em difíceis condições financeiras, e tudo isso sem alterar o equilíbrio do orçamento. A inflação não aumentou. A produtividade nacional aumentou.

No Reino Unido, o Governo cortou no número de motoristas e carros dos ministros. Na França, os edifícios dos ministérios já têm flores de plástico. Mas em Portugal, parece que aumenta o número de motoristas. E será verdade que a Secretaria de Estado do Conselho de Ministros assinou um contrato de fornecimento e manutenção de arranjos de flores no Palácio de São Bento no valor de 63 mil euros?

Na Europa dos ricos, os governos garantem o essencial. Em Portugal, investe-se no supérfluo. Custa acreditar. A ser verdade, isto não é um país, mas uma anedota, uma triste anedota. É um país pequeno e onde já não há guerra colonial. Mas — a acreditar no Google — se a Noruega e a Suécia (países dos mais ricos da Europa) têm um general cada, Portugal sustenta 238 generais.

Neste país, um jovem recebe 200 euros do Estado para não trabalhar, e um idoso recebe de reforma 236 euros, depois de uma vida de trabalho. Neste jardim à beira-mar plantado, um qualquer autarca inicia o seu primeiro mandato com um baixo rendimento declarado e termina o seu último mandato já milionário, sem que se perceba se lhe saiu a lotaria...

Desde há décadas, a incompetência, o tráfico de influências, a colonização partidária, o nepotismo, a corrupção, tomaram as rédeas do poder, num país que se diz democrático, mas onde o povo não assume cidadania e a impunidade dos políticos é a norma. Mas há quem afirme publicamente não haver políticos corruptos em Portugal...

Um povinho murmurante e apático continua a pagar pelos erros de políticos, que deveriam ser civil e criminalmente responsabilizados, por servirem os seus interesses e não os da sociedade, que os elegeu e sustenta. Mais do que de uma profunda reforma estrutural, o nosso país carece de uma reforma moral.

Crenças

Com a devida vénia, cito notícia de jornal: *A escola que se auto intitula a primeira no ENEM é, ao mesmo tempo, a escola 1 e a escola 569 no ranking que a imprensa faz com os resultados do ENEM. E faz 5 anos que a escola usa do mesmo expediente e ninguém toma nenhuma providência.* A notícia merecerá uma leitura integral, mas deixá-la-ei para quem estiver atento a pormenores. O jornalista é pessoa avisada, desmonta com argumentos válidos o mito das "melhores escolas" e a crença nas virtudes de rankings geradores de tsunamis de matrículas nas "melhores escolas". Refere o jornalista que indicadores pouco fiáveis *foram jogados ao país sem maiores explicações e apoderados pelas escolas e pelos sistemas de ensino.* E acrescenta: *a escola verdadeira, aquela que faz a captação dos alunos que mais gabaritam em simulados, não aprovaria ninguém (se considerarmos que todos tivessem a média divulgada para a escola) em nenhum curso muito ou mediamente concorrido.*

É raro assistir à denúncia de concorrência desleal e à manipulação de dados. E surpreende o fato de esta notícia não ter sido difundida como mereceria pela comunicação social especializada, nem ter sido objeto de atenção e debate em sites educacionais. A notícia é uma pedrada no charco, pelo que saúdo o rigor jornalístico e a saudável ousadia do autor. Por efeito de crenças sedimentadas e recurso a propaganda enganosa, se vai vedando aos pais o direito de saber que uma prova como o ENEM quase nada avalia, a não ser a capacidade de acumulação cognitiva, de memória de curto prazo. Na ânsia de aprovação num vestibular, os jovens atulham as suas cabeças de informação, que não chega a ser conhecimento, que se esvai ao cabo de algum tempo. Se assim não for, que se aplique a mesma prova do ENEM aos mesmos alunos, decorridos alguns meses...

Muitos pais creem que, se os seus filhos logram obter boa nota no ENEM, *mutatis mutandis*, eles "aprenderam a matéria". Mas aqueles professores universitários, que estudaram docimologia, sabem que um exame é um instrumento de avaliação falível. Se sabem, o que os impede de esclarecer as famílias, de afirmar que os vestibulandos pouco, ou mesmo nada, aprendem? A sociedade crê que as "melhores escolas" são aquelas que mais tempo investem em simulados, confundindo conhecimento com "decoreba". Saberá que cerca de 8% dos jovens aprovados em vestibulares são analfabetos funcionais? O ENEM apenas evidencia que as notas obtidas estão diretamente relacionadas ao nível socioeconômico dos estudantes. Vestibulares, provinhas e ENEM são meros exercícios de darwinismo social e de legitimação das desigualdades produzidas por um modelo de escola, no qual, por efeito de crenças de que padecem ministros e secretários de educação, prosperam os cursinhos da sinistra indústria em que a educação brasileira se transformou.

Crenças profundamente enraizadas no subconsciente comprometem e adiam a mudança necessária, num país de excelentes pedagogos, conscientes de que bastaria cumprir a Lei de Diretrizes e Bases, que o Florestan, o Darcy nos legaram, para termos uma boa educação. Sabem que, quando Paulo Freire se libertar do sequestro a que o sujeitaram nos arquivos de teses das universidades e for fazer companhia aos seus companheiros de chão de escola, os brasileiros terão acesso à educação que merecem. Mas, se o sabem, por que não fazem eco da notícia?

O César foi doar sangue

César é nome de imperador. Mas, o César, protagonista do episódio a seguir narrado, é um professor português.

Fui a Portugal, para um longo périplo, feito de encontros com novos e velhos amigos, que retomam sonhos suspensos há mais de vinte anos. Maravilhosos educadores esses, que buscam caminhos de felicidade para as novas gerações. Parece que o Portugal da educação (finalmente!) despertou. É animador verificar que muitos pais e professores se aliam em alternativas credíveis ao modelo obsoleto de escola, que o ministério mantém.

Porém, numa das cidades por onde passei, a sala onde se realizaria a palestra estava quase deserta. A organização do evento desculpou-se com estes dizeres: *Os diretores foram impedidos de autorizar a participação dos professores. E muitos se tinham inscrito! Apenas um conseguiu vir.*

Quis saber como esse sobrevivente professor tinha conseguido contornar a situação. Foi o próprio quem me esclareceu: *Os meus colegas não quiseram ter falta injustificada, nem se dispuseram a ir doar sangue...*

Doar sangue? — questionei.

Sim! — completou o César — *Quando vamos doar sangue, temos direito a um dia de dispensa de atividade letiva.*

Junto a este desconcertante episódio um e-mail recebido de outro professor, este do Brasil: *A questão da autonomia do professor já vem gritando há algum tempo. A frase mais constante que tenho percebido, revelando um sistema com resquícios escravocratas nas nossas escolas, é: "Cuidado, vem aí o diretor!", falando aos professores por qualquer motivo pífio, como o fato de alunos estarem fora da sala de aula. Hoje, felizmente, essa frase entra por um ouvido e sai pelo outro, porém já tive muito medo. Já sei melhor quem eu sou e mereço respeito, mesmo errando bastante. Mas me chama a atenção o modo como as pessoas fazem isso, para cultivar um medo que, provavelmente, os assola há muitos anos.*

É realmente entristecedor e tenho buscado esperança e coragem para continuar. Recentemente, tive uma reunião de pais, onde pais e professores mais pareciam zumbis hipnotizados por uma fala monótona e ditatorial da direção escolar. Eu fui o único professor a falar, mas me acanhei, não cabia falar todo o turbilhão que se passava em mim naquele momento. No dia seguinte não conseguia me concentrar nas aulas e a semana se arrastou (...).

Regressando à sangrenta autonomia do César... Quis levar a sua turma numa "visita de estudo". Dessa vez, não precisou doar sangue, mas teve de pedir autorização aos "superiores hierárquicos".

Na boca de políticos e técnicos, a expressão "gestão democrática" constitui-se numa caricatura de autonomia. Qual o espaço de exercício de autonomia e da dignidade profissional, numa cultura eivada de controlo e dependência, sob o absurdo "dever de obediência hierárquica"?

Até quando o César precisará doar sangue? E se cuidássemos de debater a gestão democrática com seriedade?

Maria

No início dos anos 70, com o desaparecimento de Salazar da cena política portuguesa, a ditadura entrou num período de democracia mitigada, durante a qual movimentos pedagógicos ressurgiram. Que me seja permitido contar uma história desse tempo, passada nos cafundós do Portugal. E falar de uma Maria, que tinha fé na vida e na possibilidade de remissão dos pecados da escola.

Tentava formar uma equipe de projeto e os seus alunos aprendiam mais e bem melhor do que no tempo em que escutavam aulas. Mas outros alunos eram perseguidos por funcionários e repetidamente castigados com a "proibição de ida ao recreio". Indagando o porquê da situação, tomou conhecimento de que a diretora só ia à escola dois por semana. Nos restantes dias, a turma da diretora era entregue aos cuidados de uma faxineira. Quando procurou saber o porquê dos gritos da desesperada funcionária, foi-lhe dito: A *senhora diretora é vendeira.*

Para os menos familiarizados com o regionalismo, acrescentarei que "vendeira" é quem vende produtos em feiras. Isso mesmo: embora possa parecer inverossímil, o fato é que a senhora diretora deixava a sua turma entregue a uma faxineira e ia vender frutas e legumes em cidades da região.

Numa reunião de conselho escolar, a Maria ousou chamar a atenção da diretora para as consequências da sua atitude, responsabilizando-a pelas escassas aprendizagens dos alunos, pelo sofrimento da faxineira e pelo perturbador barulho provindo da sala da ausente diretora.

Para que se entenda o cenário do drama, explicarei o que era um conselho escolar. Nas manhãs de sábado, dado que cada qual se refugiava na solidão da sua sala de aula, não havia assunto de conversa comum. As professoras controlavam o tédio de três horas de reunião, tricotando, comentando episódios de novela, comprando produtos de beleza, que a diretora também vendia.

A inusitada interpelação da Maria provocou forte reação da diretora: *Não lhe admito impertinências! Quem manda aqui sou eu! E não lhe devo explicações!* E por ali se quedou o quiproquó, concluindo-se a reunião com a rotineira assinatura da obrigatória ata, feita de assuntos que a Maria sempre se encarregava de inventar. Naquele sábado, ela registrou na ata a resposta dada pela diretora à sua interpelação.

Em meados de dezembro, as professoras foram celebrar o Natal junto das suas famílias. Em Janeiro e como era costume, todas assinariam o livro de ponto, dado que não se tratava de gozar "férias de Natal", mas de uma interrupção de atividade letiva.

Por acaso, ou talvez não, a diretora leu a ata. Furiosa, consultou aliados, na secretaria da educação. Aconselharam-na a chamar à escola as professoras, durante o período de "férias", para que subscrevessem uma nota de repúdio pelo desacato cometido pela Maria e a juntassem à ata, acompanhada de uma declaração de apoio à senhora diretora. E todas foram avisadas de que deveriam assinar o ponto dos dez dias de "férias". Todas, exceto a Maria.

No retomar das aulas, ela encontrou a sua folha de ponto "trancada", com dez faltas "a vermelho", e foi informada de que seria objeto de processo disciplinar, por ter faltado à escola durante duas semanas. Durante o período de suspensão com que foi punida, os dias da Maria foram feitos de insônia, choro, doses maciças de ansiolíticos e frequentes visitas ao psiquiatra. Após uma longa via-sacra, mudou de profissão.

Entretanto, misteriosamente, o livro das atas levou sumiço. E a senhora diretora continuou sendo vendeira, mantendo o segundo emprego: o de professora.

Qual será a moral desta história?

Profecias

Informaram o cirurgião de que, naquela manhã, faria três operações. O médico analisou os relatórios clínicos, preparou procedimentos. Concluiu que, após as intervenções cirúrgicas, dois dos pacientes ficariam curados e o terceiro iria falecer na mesa de operações. Um engenheiro dispôs-se a concluir três projetos e assim procedeu: a primeira das casas projetadas seria sólida, perfeita; a segunda das casas, em escassos meses, apresentaria defeitos de construção; a terceira casa desabaria após a conclusão da obra.

É evidente que o leitor considerará um absurdo aquilo que acabou de ler. Ressalvadas raras exceções, médicos e engenheiros agem com competência, profissionalismo, eticamente. Mas existe um profissional que assim não procede.

Um modelo de escola concebido há duzentos anos, que serviu eficazmente as necessidades sociais do século XIX e as intenções da revolução industrial, continua produzindo exclusão, naturalizando o insucesso de milhões de jovens. Admite haver alunos que "não acompanham o ritmo da turma e da aula" (absurda expressão comumente escutada). O professor aceita que uma parcela significativa dos seus alunos, "naturalmente", não aprenda. A escola pressupõe que estes alunos precisarão de aulas de apoio e recuperação...

Profeticamente nos diz o amigo Nóvoa que essa escola vai desaparecer. E que não é algo aconteça num futuro distante: *debaixo dos nossos olhos e perante uma certa indiferença da nossa parte, estão acontecendo três revoluções*. A primeira é a revolução digital, que *está mudando a nossa maneira de sentir, o nosso modo de viver e nossa maneira de aprender*. Na segunda revolução passaremos da solidão da sala de aula para a construção coletiva de um projeto educativo. A terceira consiste em *pensar a educação para além da escola, de compreender todas as dimensões educativas que existem na cidade, na sociedade*. O amigo Nóvoa tem razão. A escola entendida como um prédio está com os dias contados. Em breve, "*teremos uma instituição que vai além da dimensão física*".

Os projetos humanos contemporâneos carecem de um novo sistema ético e de uma matriz axiológica clara, baseada no saber cuidar e conviver. Requerem que abandonemos estereótipos e preconceitos, exigem que se transforme uma escola obsoleta numa escola que a todos e a cada qual dê oportunidades de ser e de aprender. E está a nascer na América do Sul uma Nova Educação, aquela que muitos visionários anunciam, desde há mais de um século — quem ignora que a história da educação brasileira é pródiga em exemplos de projetos inovadores? No Brasil, acompanho uma revolução silenciosa, herdeira de freirianos precursores, uma revolução que já não poderá ser silenciada.

Convertido ao sul, busco fazer a minha parte, ajudando a descabralizar a educação. E, numa viagem ao Norte, expus essa intenção a europeus e norte-americanos, bem como a minha convicção de que o Brasil é mesmo o país do futuro da... educação. Etnocêntricamente convencidos de que é no Norte que mora a novidade, os gringos desdenharam (*tiraram sarro*, para ser mais preciso). Ainda não se aperceberam de que, dentro de alguns anos, os sistemas educativos do Norte serão varridos por um tsunami de boa qualidade educacional provindo do Sul. E que a profecia do amigo Nóvoa se concretizará.

Pré-ocupações

Há mais de cem anos, Almada Negreiros escreveu: *Quando eu nasci, todos os tratados que visavam salvar o mundo já estavam escritos. Só faltava uma coisa: salvar o mundo.* Quando decidi ser professor, todos os tratados que visavam salvar a educação já estavam escritos. Só faltava refundar a escola, salvar a educação, sair da zona de conforto.

Já na distante década de 1970, nos pré-ocupávamos e questionávamos o instituído. Os enunciados dos projetos requeriam que se educasse para e na autonomia. Porém, professores cativos de uma platônica caverna, para onde uma "formação" deformadora os havia atirado, semeavam heteronímia. Uma tradição centralizadora e autoritária recusava às escolas o direito à autonomia, contrariando a lei. Provisórias medidas ministeriais adiavam a refundação da escola e negavam o direito à educação. A crença nas virtudes da velha escola mantinha os professores na ilusão de uma possível melhoria de um modelo em decomposição. Se a família terceirizava a educação dos seus filhos e a escola não ensinava, uma sociedade doente considerava normal que assim fosse.

O contraste entre a sofisticação do discurso e a miséria das práticas tornava-se insustentável. Se as medidas de política educativa negavam a muitos alunos o direito à educação (direito consagrado na Constituição e na Lei de Bases), o poder público teria direito de manter tais políticas? Se o modo como as escolas funcionavam provocava a exclusão de muitos jovens, as escolas poderiam organizar-se desse modo? Se, do modo como ensinávamos, muitos alunos não aprendiam, teríamos o direito de continuar a trabalhar desse modo? Cadê a ética?

Estas foram algumas das nossas pré-ocupações. Até ao momento em que, fundamentando as nossas reivindicações na lei e numa ciência prudente, assumimos o estatuto de autonomia, dignidade profissional. Reivindicamos condições de desenvolvimento dos projetos político-pedagógicos, exigimos respeito pelas decisões (políticas e pedagógicas) das nossas escolas e comunidades. Da pré-ocupação passamos à ocupação.

No Brasil, ao cabo de vinte anos, o artigo 15º da LDB do Florestan e do Darcy é letra morta. A lei não foi cumprida e o poder público insiste no fomento de velhas fórmulas. Bem nos avisava o Anísio:

Habituamo-nos a viver no país proclamado. Não no país real. Não existe uma política de Estado. Existe uma prática de desgovernos.

Mas há jovens brasileiros que não se mostram condescendentes com ministeriais disparates e ocupam escolas. Surpreende-me que sejam os jovens a ocupar escolas. Deveriam ser os professores a ocupá-las. Porque os jovens sabem aquilo que não querem, mas ignoram a escola a que têm direito. Suponho que os professores saibam...

Se o sabem, por que se mantêm apáticos, quando, na formulação de política educativa, critérios de natureza administrativa se sobrepõem a critérios de natureza pedagógica? Por que não cumprem os seus projetos? Por que consentem que burocratas lhes imponham a mordaça do "dever de obediência hierárquica"? Onde estão os professores? Por que não agem no chão da escola e da comunidade, fazendo o que é preciso e inadiável, assumindo um estatuto de autonomia? Por que não ocupam as suas escolas?

Obscenidades

No fim de um ano letivo, com assiduidade plena e significativas aprendizagens realizadas, os alunos da escola de Monsanto "reprovaram por excesso de faltas". Eu sei que parece mentira, mas aconteceu...

Tudo começou em 2014, quando uma escola acabada de inaugurar, foi "encerrada pelo Ministério de Educação". Os pais dos alunos optaram pelo ensino doméstico, o agrupamento de escolas deu luz verde ao processo e as crianças foram acompanhadas por duas professoras. No primeiro dia de aulas do presente ano letivo, os pais foram informados de que o ministério não reconhecia a avaliação positiva aos alunos, atribuída pelas docentes.

O ministério considera ilegal a situação dos alunos, mas a Comissão de Proteção de Crianças afirma que o alegado "abandono escolar" não foi provado. Entretanto, os pais dos alunos pediram nova transferência dos seus filhos para o ensino doméstico, pedido que, garantem, já foi aceite. E, enquanto o caso não se resolve, uma escola inaugurada há um ano e que custou cem mil euros, está fechada e as crianças são transportadas para a sede do município, que dista trinta quilómetros de Monsanto. São duas viagens diárias impostas por burocratas, que "acham" que as crianças devem estar fechadas no interior de um edifício a que chamam escola, numa sala de aula com X metros quadrados de área, durante um determinado número de horas e dias ditos letivos.

Esses burocratas creem que escola é um edifício e uma crença não se discute, deve ser respeitada. Porém, crenças e "achismos" não deverão ser suportes de política educativa. Autoritária e arrogantemente, burocratas enquistados no sistema educativo impõem práticas desprovidas de fundamento científico, ou legal (terão lido o artigo 45 da Lei de Bases?). Em Portugal como no Brasil, ousam tomar insanas decisões, como o despropósito da reprovação por excesso de faltas. Estão conscientes da impunidade dos seus atos e contam com o obsceno silêncio dos pedagogos.

A que faltas se referem, dado que os alunos estavam em situação de ensino doméstico (e até dentro de um edifício-escola!)? Conseguirão explicar por que razão alunos com 100% de assiduidade reprovam, enquanto jovens, fora do cárcere, aprendem? Estarão a confundir escola com edifício escolar? Terão lido o Anísio, o Freire, ou o Lauro, que criticava a "pedagogia predial"? Saberão que, à luz da ciência produzida desde há um século, a expressão "reprovar por faltas" é uma obscenidade?

Há cerca de uma dúzia de anos, um ministro de má memória tentou destruir o projeto da Escola da Ponte, com burocráticos argumentos. Os sindicatos de professores, a universidade e a sociedade civil reagiram, impediram que a obscenidade ministerial obtivesse êxito. Na presente situação, os professores portugueses e brasileiros permitirão que o autoritarismo impere e critérios de natureza pedagógica sejam desprezados? Permanecerão apáticos, ou farão a sua parte para acabar com a impunidade?

É estranho e pesado o obsceno silêncio dos pedagogos...

Quem tem medo da autonomia da escola?

A citação é longa, mas devo dá-la a conhecer, para que se perceba de que modo a perda de autonomia precipitou o sucateamento da escola pública, provocou a sua desintegração: *Essa desintegração se completa com a supressão da autonomia quanto ao ensino, sua seriação, métodos e exames. Levada a ordenação externa da escola até esse ponto, é evidente que nada restará senão o automatismo de diretores e mestres, a executar o que não planejaram, nem pensaram, nem estudaram, como se estivessem no mais mecânico dos serviços. Ora, mais não será preciso dizer para explicar a pobreza, a estagnação, a total ausência de pedagogia, que vai pelas nossas escolas. De todas as instituições, nenhuma precisa de maior autonomia e liberdade de ação do que a escola. Cumpre dar a cada estabelecimento o máximo de autonomia possível e essa regra é a grande regra de ouro da educação. As escolas só voltarão a ser vivas, progressivas, conscientes e humanas, quando se libertarem (...) assumindo todas as responsabilidades.*

Eis o que Anísio pensava da administração e gestão das escolas. Sábias e atuais considerações, escritas há sessenta anos, quando se anunciava o desaparecimento dos ginásios vocacionais, último assomo de projeto autônomo, que o mesmo será dizer: legal e cientificamente fundamentado. De então para cá, o discurso sobre autonomia apenas logrou enfeitar normativos. Abunda no texto dos projetos político-pedagógicos, mas está ausente das práticas efetivas das escolas brasileiras. Isso mesmo: as escolas brasileiras não cumprem os seus PP-P, porque não são autônomas.

A ínclita geração do Florestan e do Darcy legou-nos uma LDB que, não sendo perfeita, abre possibilidades de acesso das escolas ao exercício de autonomia. Vinte anos decorridos sobre a publicação da lei, o seu artigo 15º ainda é letra morta, porque o sistema educativo brasileiro mantém-se cativo de legalistas que, à tralha normativa herdada da ditadura, foram acrescentando despachos, resoluções e outros documentos caraterísticos de uma gestão burocratizada. Se muitas dessas normas forem analisadas à luz da pedagogia, concluir-se-á que são... ilegais.

Fenômenos como a corrupção e a impunidade, comuns no contexto da crise moral que nos afeta, radicam, em parte, na prática de um modelo escolar reprodutor, controlado por uma gestão hierarquizada e autoritária. O Darcy disso tinha consciência e foi exilado. O Anísio também o sabia e foi assassinado. Interesses ocultos mantêm as escolas numa crônica dependência, pelo que urge assegurar o exercício de uma gestão administrativa e financeira baseada na pedagogia.

A autonomia pedagógica da escola será o primeiro passo para o cumprimento efetivo dos desideratos da LDBEN. A meta 19 do Plano Nacional de Educação requer que, até ao final de 2016, estados e municípios criem instrumentos de concretização de uma efetiva gestão democrática. O instrumento que a concretiza dá pelo nome de "termo de autonomia". Quero acreditar que os educadores brasileiros irão reivindicar a dignidade do exercício da profissão, celebrando termos de autonomia. Se assim for, talvez os critérios de natureza pedagógica passem a prevalecer nas decisões de política educativa. Pois que assim seja!

Vamos alforriar o Brasil?

Morreu um dos grandes educadores do século XX. Recebemos a notícia, quando estávamos reunidos, preparando novo ano letivo. Foi grande a consternação entre os educadores da equipe. E a indignação. Páginas inteiras de jornais deram notícia do encontro de um estrangeiro com o ministério e a presidência; nem um canto de página de jornal deu notícia da morte de Lauro de Oliveira Lima.

O Brasil da Educação irá matar a sua memória, como matou a de outros insignes educadores? Temo que sejam raros os brasileiros que sentirão a inestimável perda. Estão mais atentos àquilo que de fora vem do que aos extraordinários tesouros que o Lauro, a Nilde, o Agostinho e muitos outros nos legaram. E não citarei os nomes dos excelentes educadores brasileiros vivos, também condenados a morrer no anonimato.

Há alguns meses atrás, as crianças do Projeto Âncora prestaram uma homenagem ao Mestre. A filha do Lauro foi portadora de uma caixa repleta de cartas dos nossos alunos para um homem cuja vida foi uma lição de amor pela infância. Imaginamos que terá sido grande a alegria do Lauro perante provas de gratidão das crianças. Mas não poderíamos prever que seria a derradeira homenagem, que lhe poderíamos prestar.

Admiro o modo como o Brasil acolhe os estrangeiros. Considero úteis alguns dos contributos que esses estrangeiros nos legaram. Mas será preciso reconhecer que a injeção desses contributos nas escolas brasileiras sempre se saldou pelo insucesso. Foram modas passageiras vindas do norte e que, no norte, também se revelaram inúteis. Talvez porque todas essas modas não interpelaram a velha escola, apenas a enfeitaram com construtivismos mal-assimilados, pseudotécnicas de gestão, qualidades totais equivocadas, novas tecnologias instrucionistas... Nenhuma logrou tirar o Brasil do fundo do ranking do PISA, ou propiciar uma saída para a tragédia dos 24 milhões de analfabetos, que a velha escola produziu.

Que me seja perdoada a arrogância, mas conheço muito bem a educação que se faz no mundo. Nos últimos trinta anos, visitei e trabalhei em centenas de escolas de três continentes. Foi no Brasil que encontrei as melhores escolas. Foi no Brasil que conheci os melhores teóricos da educação.

Não me foi concedido o privilégio, que o meu amigo Celso, teve de ser aluno do Lauro. Mas, há alguns anos, fui ao Rio, para encontrar o Mestre. Na sua casa do Recreio dos Bandeirantes, com ele conversei e aprendi. Evoco o deslumbramento da leitura das suas obras. A surpresa de ver anunciadas as "comunidades de aprendizagem", conceito caro aos anglo-saxónicos, que creem tê-lo criado há quase vinte anos, mas que Lauro criou há mais de... cinquenta. O pioneirismo de criticamente divulgar Illich e Mac Luhan. A contundente e fundamentada crítica da velha escola, no tratado de pedagogia que dá pelo nome de "A Escola Secundária Moderna". O desgosto de não encontrar os livros do Lauro nas bibliotecas das faculdades de Pedagogia...

Andaremos tão distraídos que não consigamos perceber que temos cá dentro tudo aquilo de que precisamos? Não será tempo de alforriar a Educação do Brasil? Sem enjeitar a "importação" de ciência, tomemos ciência de que também poderemos "exportar". Talvez haja um caminho do meio entre a nefasta ação dos burocratas da educação, que importam modas e novidades, e os excelentes projetos, que o poder público brasileiro ignora ou despreza.

Nortear, ou Suliar — *that's the question*? Deveremos insistir no neocolonizador diálogo norte-sul, ou publicar uma lei áurea da educação? Talvez a América Latina deva propor ao norte um diálogo sul-norte. Para que se extingam palavras justapostas e passe a haver apenas... diálogo.

Boas notícias

O ministro da educação do Brasil, à época nomeado pela Presidenta Dilma Rousseff, Renato Janine Ribeiro, disse-nos que *na educação como na cultura, não há limite: sempre se pode descobrir ou inventar mais (...) Cada vez mais, a educação deverá se culturalizar, deixando de seguir currículos rígidos.* Quero acreditar que tais declarações se constituam num bom augúrio e que o mandato do novo ministro por elas se paute. Mas as boas novidades não se quedam por aqui... O equinócio de março parece ter aberto uma Caixa de Pandora, não de desgraças, mas de prodígios.

Em Portugal, diretores de escola reconheceram que *a retenção não resolve o problema do insucesso*. E o Conselho Nacional de Educação recomendou o fim das reprovações. Esta não é a única entidade a alertar para as consequências negativas da retenção. O estudo "Retenção Escolar no Ensino Básico em Portugal" conclui que os alunos que reprovam não retiram qualquer benefício de terem ficado retidos e obtêm piores resultados no PISA do que teriam obtido, se não tivessem repetido o ano. Por seu turno, a Comissão Europeia critica a "cultura da retenção" afirmando que a "bomba" deve ser substituída por respostas a dificuldades de aprendizagem, enquanto um especialista corrobora esse parecer, acrescentando que é o próprio modelo de ensino que promove o insucesso: *Estamos a preparar os alunos da mesma forma que preparávamos há cinquenta, ou cem anos, baseando o ensino exclusivamente na capacidade de reproduzir conteúdos. Ensinamos tudo a todos da mesma maneira e ao mesmo tempo, o que já não faz qualquer sentido.*

Em muitas escolas portuguesas e brasileiras, uma rede de projetos discretamente se prefigura, esboçando novas construções sociais de aprendizagem, à semelhança de uma Finlândia, que esboça o abandono do tradicional *ensino por disciplinas*. No novo modelo, que será aplicado nesse país por volta de 2020, todos os assuntos estarão interligados. Entretanto, o Ministério da Educação francês lançou uma reforma assente em três pilares: flexibilidade, autonomia e interdisciplinaridade. Essa reforma sustenta que *as escolas devem alterar a sua forma de ensinar, dando mais importância aos trabalhos de projeto, aos trabalhos de grupo e proporcionando aos alunos oportunidades de procurar relacionar a sua aprendizagem com aspectos práticos do quotidiano, tornando as suas aprendizagens úteis, coerentes e significativas.* O ministério classifica a sua reforma como uma "refundação da escola".

Outra grata surpresa veio da Catalunha. Os colégios jesuítas dispensaram aulas e testes, eliminaram cursos, exames e horários. Derrubaram as paredes de suas salas de aula e criaram grandes espaços de trabalho em equipe, onde se adquire conhecimentos através de projetos, com *acesso a novas tecnologias*. Um alto responsável jesuíta afirmou: *Em vez de olhar para o diário oficial, olhamos para o rosto das crianças e ajudámo-los a desenvolver os seus projetos de vida, para descobrirem os seus talentos. Juntamente com a família e a internet, procuramos construir pessoas.*

São boas as notícias. Por estas e por outras, mantenho a esperança de que o MEC delas tome conhecimento e faça aquilo que é preciso fazer.

O Terceiro Manifesto

Quando não se pode fazer tudo o que se deve,
deve-se fazer tudo o que se pode.

Santo Agostinho

A segunda morte de Anísio

O primeiro parágrafo do Manifesto dos Pioneiros da Educação Nova reza assim: "*Na hierarquia dos problemas nacionais, nenhum sobreleva em importância e gravidade ao da educação. Nem mesmo os de caráter econômico lhe podem disputar a primazia nos planos de reconstrução nacional.*" Decorria o ano de 1932. Entre os signatários do Manifesto estava Anísio Teixeira.

Em 2010, fui ao sertão baiano à procura do que resta desse insigne brasileiro. Acolheram-me na casa que foi sua. Mostraram-me o leito em que dormia, o berço que se presume ter sido o seu, livros e objetos vulgares, que foram tocados pelas mãos de um gênio. À saída, detive-me junto a uma das derradeiras fotos de Anísio — está na melhor companhia a que um educador pode aspirar: crianças.

Em Caetité, encontrei uma secretaria de educação feita de boa gente e com muita vontade de melhorar. Mas não resisti a perguntar: O que há de Anísio nas escolas de Caetité? Qual o legado de

Anísio, que se faça presente nas práticas escolares? Respondeu-me um embaraçado silêncio.

Apercebo-me de que os professores brasileiros conhecem Anísio somente de nome. Quase nada terão lido do muito que escreveu. Conhecem Freire de meia dúzia de leituras mal digeridas. Ornamentam projetos de escola com citações dos mestres, mas não os cultivam nas salas de aula. Na formação, adquiriram vagos contributos de ilustres pedagogos estrangeiros, mas não conhecem a obra de Eurípedes e nunca ouviram falar de Lauro ou de Agostinho.

Foram muitas as horas de viagem pelas estradas do interior da Bahia, vendo garrafas e latas arremessadas por energúmenos, que dirigiam automóveis, ultrapassando em curvas. No rádio do carro, quase tudo era lixo — na terra de Caymi, Caetano e Bethânia, nem uma só vez escutei as suas vozes. Os anúncios mais escutados falavam de mensalidades reduzidas na compra de eletrodomésticos e na matrícula em escolas. O nome mais escutado na rádio foi o de um deputado — coronelismo versão século XXI. A caminho de Caetité, passei por Brumado. Ali, na margem do São Francisco, o povo sofre de... falta de água. O que terá tudo isto a ver com a Educação e com o Anísio Teixeira?

Procurei na cidade uma lápide ou um busto que evocasse Anísio. Não encontrei. A única estátua de Caetité é de alguém que ainda está vivo e cujos méritos desconheço.

Mistério e silêncio encobriram as circunstâncias da morte de Anísio. Consta que foi encontrado em posição fetal, entre as molas do fosso de um elevador, sem vestígios de com elas ter colidido, numa presumível queda... Talvez com marcas de agressão. Talvez... Mas estávamos em 1971 e questionar esses tenebrosos tempos ainda é tabu. Ao que parece, sepultaram-no sem que as conclusões de qualquer inquérito fossem dadas à luz. E a luz que Anísio lançou sobre a Educação do Brasil também se extinguiu com ele. Anísio morreu duas vezes.

Cito o mestre: "O *professor prelecionava, marcava a seguir a lição e tomava-a no dia seguinte. Os livros eram feitos adrede, em lições. Os programas determinavam o período para se vencerem tais e tais lições. Exames que verificavam se os livros ficaram aprendidos, condicionavam as promoções (...). Ora essa escola (...) é inadequada para a situação em que nos achamos.*" — Anísio fazia a crítica da Escola do passado, em... 1934.

O tempo aliou-se à incúria dos homens para apagá-lo da memória dos educadores brasileiros. Memória não é feita de inócuas homenagens, mas no fazer juz à sua vida de incansável lutador por uma educação que não aquela que, decorridos quase quarenta anos sobre a sua morte, infelizmente, ainda temos.

(in *Crônicas*. Curitiba, Ed. Nova Cultura, 2013)

> Só existirá democracia no Brasil
> no dia em que se montar no país
> a máquina que prepara as democracias.
> Essa máquina é a da escola pública.
>
> Anísio Teixeira

As razões de um manifesto

É quase consensual que o mundo passa por uma profunda crise. E acontece no Brasil uma transformação no contexto das organizações sociais, na tensão entre um "passado áureo" e um novo ciclo da inovação e renovação. Animado de legítima indignação, o brasileiro reivindica a melhoria da educação. Mas poderá melhorar, se apenas lhes destinarmos mais alguns royalties, ou a contemplarmos com um maior percentual do PIB? Poderá melhorar, se enfeitarmos obsoletas práticas com um cheirinho a novas tecnologias, ou se acrescentarmos mais algumas tentativas de reforma, que serão, ou já foram reformadas?

Tenho o privilégio de acompanhar o exercício profissional de anônimos professores, que são parte da componente saudável do sistema. De um sistema que, até agora, se mostrou incapaz de se aperceber do potencial humano de que dispõe. Incapaz de reconhecer a elevada qualidade de projetos, que mereceriam atenção e avaliação, mas que se mantêm ostracizados e, não raramente, são burocraticamente destruídos.

De forma colaborativa, ao longo de dois anos (2011/2012), esses educadores elaboraram um Manifesto*. É um documento inacabado, à espera de novos contributos, do aprofundamento da reflexão. A expressão *transformar um país*, contida no texto do Manifesto poderá ser considerada pretensiosa. Mas deverei dizer que talvez se trate de mudar o mundo... É grande a força que tem a educação, como é grande a capacidade de mudar dos educadores brasileiros.

Não basta disponibilizar mais recursos para a educação: outra educação é necessária. Aquela a que a minha amiga Luiza se refere, quando escreve: *Faremos uma caminhada com estudantes e educadores, e entregaremos o Manifesto às autoridades locais, escolas e gente que faz a história acontecer. É nossa intenção estender o evento a pequeninos rincões mineiros.* E a Luiza conclui: *Para semear, basta o desejo e a esperança de que se prosperará. Gratidão por "combaterem o bom combate", a favor da Educação de todos nós.*

---

* O Manifesto pela Educação Brasileira (e o texto anexo, intitulado "*Mudar a Escola, Melhorar a Educação: Transformar um País*") está disponível no *avaaz*, no *facebook*, em sites da internet.

As bases de um Manifesto
(Elaboradas pelos coletivos dos "Românticos Conspiradores")

O sistema escolar está pautado em um modelo ultrapassado. Os números colhidos na última década comprovam isso. A nossa vergonhosa posição no ranking da Unesco não combina com nossa posição socioeconômica. Os diretores, coordenadores, professores, pais e principalmente os alunos sabem disso. Mas o que colocar no lugar? Não sabem! Então se conformam. Portanto, a aprendizagem atual está baseada no conformismo?

Mas o mundo está precisando de pessoas inconformadas! Pessoas com humanidade, garra, coragem para mudar, respeito pelas diferenças, força de vontade, determinação, capacidade de acolhimento e poder de decisão. E — claro — o mundo precisa de amor. É o amor que mais ensina, e com ele se aprende. Onde está o amor no atribulado cotidiano das salas de aula e nas agendas lotadas dos professores?

Qual o propósito da Escola? Por que estamos fazendo tudo isso dessa maneira? Em sua origem a palavra "Escola" vem do Grego "Schole" e significa espaço de lazer... Hoje os professores fingem que ensinam e os alunos fingem que aprendem. Precisa ser assim?

As escolas seguem repetindo um modelo que tem 300 anos de existência. Mudanças foram feitas, certamente. Mas os alunos continuam sendo tratados como "pessoas que sabem menos", sentados em fileira diante de uma figura de autoridade detentora do saber. É neste contexto que se potencializa o aprendizado?

As escolas continuam ensinando a obedecer e cumprir tarefas. Assim, os alunos não têm tempo de aprender porque estão a serviço das boas notas. A metodologia de ensino ocorre igualmente para todos (da classe) em forma e conteúdo, enquanto sabe-se claramente que cada pessoa tem interesses, potenciais e formas diferentes de aprender. O ensino continua sendo passado de cima para baixo, sem base na realidade e interesses dos próprios alunos, através de seriação e formas arcaicas de se transmitir conhecimentos e informações. Embora o conhecimento esteja acessível aos jovens como nunca esteve antes, através de livros, internet, jogos, pessoas, organizações e comunidades, o modelo escolar insiste em fazer de conta que isso não mudou. O professor ainda age como o "dono do conhecimento" e não como o "transmissor de sabedoria". O processo de educação no Brasil acaba sendo gerido por pessoas que não foram educadores, mas sim dirigentes/acadêmicos.

As políticas públicas locais e estaduais têm se mostrado desastrosas para a educação, assim como as próprias diretrizes do MEC. Grandes desperdícios de recursos e energia atestam a ineficácia do sistema no preparo dos educadores e da própria comunidade e estrutura de ensino-aprendizagem.

Devemos prolongar a agonia dessa instituição que acolhe todos os tipos de famílias e idades? Devemos prolongar a vida desse paciente em estado terminal? É possível nesse estado, fazer uma pequena reforma sem transformar todo o processo de educação? Como conciliar esse antigo/atual modelo educacional com a proposta dos novos espaços de aprendizagem?

Nada é mais poderoso do que uma ideia em cujo tempo chegou. Enquanto a escola agoniza, os novos modelos de aprendizagem e relacionamento estão vivos e atuantes, lutando bravamente para ampliar sua voz. Existem há anos com sucesso e muita experiência para compartilhar. Mais de 100 exemplos foram apontados aqui para servir de base para esse novo momento que chegou. Quem acredita que a

Aprendizagem está em todo lugar e que é necessário "toda a aldeia para educar" pode começar Aqui e Agora!

Somos Românticos Conspiradores! Românticos porque acreditamos no inacreditável e conspiradores porque transformamos o ordinário em extraordinário.

Prefácio do Terceiro Manifesto pela Educação Brasileira (setembro de 2013)

O documento "*Mudar a Escola, Melhorar a Educação: Transformar um País*" foi elaborado de forma colaborativa, utilizando as metodologias Google docs, rede social, e-mail, fórum de debates pela internet e reuniões presenciais. Ao longo de dois anos, teve a efetiva colaboração dos membros do movimento Românticos Conspiradores, de educadores atuantes nas diversas redes de ensino e de cidadãos que assumem a sua responsabilidade pela qualidade da educação.

Sabemos que no Brasil já existiram dois manifestos da educação: um, de 1932, sufocado pela ditadura Vargas. Outro, de 1959, que esteve na origem das Escolas Experimentais e dos Colégios Vocacionais, sufocado pela ditadura militar.

Este documento vem anexo ao *Terceiro Manifesto Pela Educação* no intuito de servir como instrumento para iniciar intenso debate nacional e efetiva mudança que, no lugar de ser sufocada por uma ditadura, floresça no fértil campo da democracia.

Neste documento, denunciamos e anunciamos. Denunciamos, lembrando algumas estatísticas e realidades de nosso atual sistema educacional. Anunciamos, oferecendo possibilidades de mudança fundamentada e responsável já praticada, desde há anos, com eficientes e comprovados resultados em mais de 100 espaços educacionais brasileiros.

Meu papel foi o de fomentar o diálogo, reunir os contributos e sintetizar a fala e os escritos das pessoas que se dispuseram a refletir, discutir e expor suas vivências, críticas, crenças, esperanças... Deseja-se que este documento seja a base para a construção de um carinhoso e macio ninho que abrigue, aqueça e fortaleça a enfraquecida educação brasileira, desenvolvendo uma cultura de Paz, que possibilite aos moradores do "ninho" alçarem livres voos, cada vez mais altos.

Os envolvidos neste *Terceiro Manifesto Pela Educação* almejam que nosso governo possibilite que o documento "*Mudar a Escola, Melhorar a Educação: Transformar um País*" se desdobre em diversos grupos de reflexão e pesquisa, para que, de maneira fundamentada e responsável, provoque uma mudança de paradigmas na educação nacional a partir da discussão em cada comunidade da federação.

Muitos atos de desdobramento já se iniciaram voluntariamente e, entre eles, está a confecção colaborativa entre crianças e adolescentes de um documento que, afetuosamente, estamos chamando de "Manifestinho pela Educação".

A você, que ama a educação e concorda que é possível fazer uma educação diferente da que aí está, fazemos um convite: Arregace as mangas e venha desdobrar o Manifesto pela Educação em ações concretas, que beneficiem nossos estudantes, suas famílias e a sociedade brasileira.

Boa leitura!

(Ely Paschoalick e mais uma multidão de educadores e cidadãos, que se dedicaram à elaboração deste documento manifestopelaeducacao@gmail.com)

Anexo

Mudar a Escola, Melhorar a Educação: Transformar um País

Mudar a escola, melhorar a educação: transformar um país

Os resultados obtidos pela escola que temos não correspondem à proposta da LDBEN vigente, porque o sistema escolar está pautado em um modelo ultrapassado. Mudanças foram feitas, certamente. Porém, os educandos não têm tempo de aprender, quando estão apenas a serviço de obter boas notas. Embora a informação esteja acessível aos jovens, como nunca antes esteve, através de livros, internet, jogos, pessoas, organizações e comunidades, as escolas mantêm-se presas nas formas arcaicas de transmissão de ensino. E seguem utilizando estratégias como aulas frontais coletivas, para alunos enfileirados, estáticos e impedidos de se expressar e de compartilhar suas ideias. A escola ainda não percebeu que a aprendizagem só é possível quando há relação entre as pessoas, e estas estejam intermediadas pelo mundo.

Urge que os educadores e atuais gestores políticos entendam que escola é também estudo e esforço, mas que, para além disso, aprendizagem pressupõe criação de vínculos afetivos. Como cultivar amorosidade no atribulado cotidiano das salas de aula e nas agendas lotadas dos professores?

Nesta perspectiva, indicamos ao poder público melhorias para uma nova construção social de escola, servindo como diretrizes para uma Educação do século XXI na direção de uma sociedade solidária, justa e sustentável:

1. Políticas Públicas em Educação previamente discutidas, aprovadas e supervisionadas pela comunidade, atendendo às necessidades específicas locais e de cada estudante em sua singularidade, cumprindo assim a LDBEN n. 9.394/1996;
2. assegurar às escolas a dignidade de um estatuto de autonomia estipulado e regulamentado no artigo 15 da LDBEN;
3. a revisão do tipo de gestão das escolas, passando de uma tradição hierárquica e burocrática para decisões colegiadas, coletivas, colaborativas e horizontais, envolvendo a participação da comunidade, dos familiares, dos educandos e dos educadores. É urgente e emergencial garantir gestão democrática, conforme o inciso VI do artigo 206 da Constituição Federal: "gestão democrática do ensino público, na forma da lei". Somente assim teremos transparência, autonomia

e solidariedade, valores que só se pode garantir com o quadro de uma gestão democrática;

4. essa autonomia assenta no desenvolvimento de comunidades de aprendizagem concebidas por um projeto educativo coletivo, baseado num projeto local de desenvolvimento, consubstanciado numa lógica comunitária, que pressupõe uma profunda transformação cultural e concretiza uma efetiva diversificação das aprendizagens, tendo por referência uma política de direitos humanos, que garanta as mesmas oportunidades educacionais e de realização pessoal para todos. Assenta, outrossim, na solidariedade, operando transformações nas estruturas de comunicação, intensificando a colaboração entre instituições e agentes educativos locais;

5. uma educação integral em tempo integral para todos os estudantes, da Educação Infantil ao Ensino Fundamental, garantindo liberdade de organização do trabalho escolar, contemplando a heterogeneidade, não tendo como referência a faixa etária ou intelectual, mas a socialização na complementaridade, afetividade e autonomia. Que se extinga a seriação, a segmentação cartesiana do conhecimento, a disciplina isolada e exposta por um especialista em cinquenta minutos, substituindo-a pela prática de trabalhos em

equipes, orientados por educadores, garantindo a construção da aprendizagem, respeitando o ritmo de cada um;

6. que a instituição escolar ressignifique seu papel, passando a atuar como *lócus* de construção de conhecimentos e vivências, voltado para a felicidade das suas comunidades, desfazendo-se de imposições de currículos e métodos herdados do passado enciclopedista, seja fabril ou bancário. Somente assim extinguir-se-á a diferenciação hoje existente entre os estudantes dos sistemas público (municipal, estadual e federal) e privado;

7. durante o período de transição de uma escola do século XIX para uma do século XXI, se garanta aos profissionais da Educação, que assim o desejem, prevenção, assistência e apoio terapêutico, gratuito e constante, com objetivo de administração emocional e crescimento pessoal. Tais serviços devem ser prestados por profissionais de psicologia capazes de identificar os impactos de tal transição nas vivências dos educadores atendidos;

8. a formação de uma rede colaborativa de comunicação, onde participem a família, os educadores, educandos, membros de comunidades de aprendizagem, representantes da mídia falada, escrita, televisiva e digital, que tenham como objetivo

alavancar, promover e divulgar fóruns de debate, núcleos de reflexão, rodas de conversa, círculos de estudo, auxiliando a sociedade a discutir suas vivências, relacionamentos, convivência, comportamento afetivo, ético, moral, emocional, educacional, intelectual, artístico e físico. E que não se permita nesta rede a competição e premiação, mas sim oportunidades para todos;

9. considerar que não pode ser descurado o desenvolvimento afetivo e emocional do educando, nem ignorada a necessidade da educação de atitudes com referência a um quadro de valores subjacentes ao projeto educativo, isto é: currículo subjetivo. Neste sentido, todo educando tem necessidades educativas especiais, manifestas em forma de aprendizagens sociais e cognitivas diversas. A escola é espaço-tempo de relações sociais, isto é: currículo de comunidade. E, se a inclusão escolar é também social, não se processa em abstrato, passa por uma gestão diversificada do currículo. Reconhecer o educando como único, recebendo-o na sua complexidade; descobrir e valorizar sua cultura, ajudando-o a descobrir--se e a ser ele próprio em equilibrada interação com os outros, são atitudes fundadoras do ato educativo e as únicas verdadeiramente indutoras da necessidade e do desejo de aprendizagem;

10. universalização do ensino e garantia da matrícula em todos os níveis da Educação, extinguindo o corte etário, o cadastramento escolar, as provas externas, os vestibulares, as provas do ENEM e outros recursos utilizados como critérios de reservas de vagas, que constituem instrumentos de exclusão;

11. que a Universidade se distancie de práticas de formação incompatíveis com necessidades educacionais do nosso século. Que substitua o predomínio das aulas expositivas e de outras práticas destituídas de fundamento teórico ou de mero bom-senso (como, por exemplo, as avaliações como fim e não como meio, a disposição enfileirada das cadeiras dos estudantes etc.), por uma diversificação de processos que promovam a experiência de que todos podem aprender e provem que a excelência acadêmica não é incompatível com a inclusão social;

12. reelaboração da cultura pessoal e profissional do educador através da vivência de práticas inovadoras em Educação que lhe possibilite uma transformação isomórfica, pois o modo como o professor aprende é como ele ensina e a teoria não precede a prática;

13. reconhecimento público aos profissionais da educação, traduzido também em salários dignos.

Que seus salários estejam à altura de sua importância social, encontrando-se entre os mais altos do serviço público;
14. fim do desperdício decorrente de más políticas públicas em educação que, por exemplo, segundo o Relatório FIESP, em 2010 desperdiçaram 56 bilhões de Reais. Que cesse o abuso do uso do dinheiro público em propagandas que mascaram a realidade educacional do país e servem também de promoção eleitoral;
15. erradicação da evasão escolar no Ensino Fundamental, Médio e Universitário, retirando o Brasil da terceira maior taxa de abandono escolar entre os 100 países com maior Índice de Desenvolvimento Humano (IDH) — veja-se o Relatório de Desenvolvimento 2012 do Programa das Nações Unidas para o Desenvolvimento (PNUD);
16. implantação efetiva de uma política da juventude que contemple o espírito empreendedor, o protagonismo juvenil e o desenvolvimento dos valores humanos. Que se compreenda que a sociedade organizada do século XXI requer do cidadão produtivo autonomia, capacidade de escolhas, proatividade, trabalho em equipe, autodidatismo, clareza na comunicação, controle e organização do tempo. Por conseguinte, tais habilidades, atitudes e caráter devem ser desenvolvidos na prática educacional do jovem, também no Ensino

Médio, em conjunto com os conhecimentos específicos dessa etapa educacional;
17. que Educação Domiciliar e outros modos de desenvolver aprendizagem sejam permitidos às famílias que assim o desejarem, desde que garantida a coerência e a qualidade dos percursos de aprendizagem do educando à luz de um projeto educativo;
18. substituição da reprovação, da aprovação automática e da recuperação, paralela ou ao final de um período, pela prática de uma avaliação formativa, contínua e sistemática capaz de permitir que o aprendizado caminhe junto com o desenvolvimento do pensar, a formação do caráter e o exercício da cidadania; e
19. ampliação do uso da Mediação Escolar, da Justiça Restaurativa e de técnicas similares, para que os conflitos sejam resolvidos pela própria escola dentro da proposta da Cultura de Paz (UNESCO), proporcionando ambiente educativo motivador, que estimule cada estudante a superar-se a si mesmo, e não a superar os outros, promovendo a solidariedade e garantindo o direito de aprender a todos e a cada um.

O Brasil dispõe de produção científica e de práticas que provam a possibilidade de uma escola que a todos acolha e dê, a cada um, condições de realização pessoal e social. Resgatemos teses e práticas que viabilizem a construção de uma sociedade solidária, justa e sustentável (Agostinho da Silva, Alceu Amoroso Lima, Almeida Júnior, Anísio Teixeira, Aparecida Joly Gouveia, Armanda Álvaro Alberto, Azeredo Coutinho, Bertha Lutz, Cecília Meireles, Celso Suckow da Fonseca, Darcy Ribeiro, Durmeval Trigueiro Mendes, Eurípedes Barsanulfo, Fernando de Azevedo, Florestan Fernandes, Heitor Villa-Lobos, Helena Antipoff, Humberto Mauro, José Mário Pires Azanha, Julio de Mesquita Filho, Lauro de Oliveira Lima, Lourenço Filho, Manoel Bomfim, Manuel da Nóbrega, Maria Nilde Mascellani, Nise da Silveira, Paschoal Lemme, Paulo Freire, Roquette-Pinto, Rui Barbosa, Sampaio Dória, Valnir Chagas e tantos outros).

Se o Governo, através de suas políticas públicas, apoiar a execução das indicações, propostas e considerações acima expostas, estaremos rompendo definitivamente com a interiorização da incapacidade, com o fatalismo da reprodução do insucesso e da exclusão. Estaremos construindo um sistema educacional inclusivo, de qualidade informativa e formativa para cada cidadão brasileiro. Estaremos, também, caminhando no cumprimento efetivo da Lei de Diretrizes e Bases da Educação Nacional, LDBEN, n. 9.394/1996 e das diretrizes curriculares nacionais. Estaremos, por fim, criando condições efetivas para transformar um país.

LEIA TAMBÉM

ESCRITOS CURRICULARES

José Augusto Pacheco

1ª edição - 1ª reimpressão (2018)
176 páginas
ISBN 978-85-249-1156-9

Este livro pretende afirmar a existência de uma vasta problematização dos Estudos Curriculares, na qual é tarefa muito complexa encontrar possíveis respostas. Para encontrá-las é fundamental perspectivar o currículo como uma construção cultural, social e ideológica, tanto no quadro do questionamento das teorias curriculares, quanto na ênfase de uma teoria curricular crítica, analisada também no confronto com a teoria de instrução.